不能輸的比賽

重新站上生命打擊區的——潘忠韋

潘忠韋——口述　王啟恩——撰寫

——推薦序

——自序

推薦序——

還沒有世界末日，你怕什麼？

Podcast「跑步不要聽」主持人／田鴻魁

我還記得是二〇一九年十二月初的某個夜晚，當時我跟太太兒子在花蓮度假時接到了忠韋傳來的訊息，在這篇不算短的文字當中，我得知他生病了。第一時間不了解這就是後來的血癌，也沒想到這場跟病魔的對抗，竟然消耗了忠韋整整兩年的時間。知道他經過不斷的化療，兩次骨髓移植，中間還曾發生發燒不退、急送急診等，一個巨型大漢頓時消瘦蒼老，很替他感到心疼。

我們一起工作了好多年，那段在電視台轉播美國職棒的過程，幾位共事的同事們都很清楚忠韋對於工作的投入跟執著，日以繼夜的轉播，壓力加上身體的磨損相信這些種種都是導致他後來住進醫院的原因。

那一年也是我自己身體出狀況的四十九歲，高血壓加上被診斷疑似肺腺癌，連續進出醫院，也把我給搞慘了。所以二〇二〇年我開始努力跑步瘦身，希望讓自己健康起來，後來還跟製作人王啟恩（亞當）以及六大馬最速總經理王冠翔（象總）一起開了一個Podcast「跑步不要聽」。

我覺得如果今天換作任何一位其他患者，撐不過這兩年的可能性非常高，但忠韋曾是一個職業運動員，他擁有比一般人更強大的意志力，幾度快要到臨界點時，都把自己拉了回來。「跑步不要聽」也搶先在二〇二一年八月四日第四十八集訪問了忠韋（可惡，晚了四集）〈EP.48 還沒有世界末日，你怕什麼？〉播出之後也引起了很大的迴響。當時我便有一個想法，忠韋這樣的抗癌故事，應該要寫成一本書，去鼓勵更多在生命中或是生活中遭遇到極度困境的朋友。

於是沒多久我們就展開了這樣的計畫。初次見面是在我們錄音室的一個夏天早上，我還記得當時忠韋的身體還沒有百分之百康復，在訪談講到小時候的遭遇時，可能是太過激動，結束後忠韋整個人相當不舒服，一度身體疼痛躺在地上，後來靠著喝醫師開的嗎啡才得以舒緩，把亞當跟我都嚇壞了。

這本書的出版，除了感謝忠韋相信我們願意現身說法之外，也要特別感謝這兩年來跟我們一起合作錄製 Podcast 的亞當，如果不是他答應在百忙中接下棒子，透過多次台北、新竹兩地往返訪問完成這本書，這個計畫可能胎死腹中，不知道何時才能看到新書的問世。

希望透過忠韋的故事，能夠讓正在低潮或經歷人生關卡的你能夠得到力量。

最後，個人的願望，忠韋不要太拼了，病才剛剛好，希望你多點時間欣賞人生各面向的風景，不要給自己壓力，因為家人朋友都希望你健健康康的生活下去，也希望你能到處走走，用自己的故事去鼓勵更多人。

推薦序——

人生賽局的見證

台大醫院內科部血液腫瘤科主治醫師／田豐銘

在台灣這塊土地的人們，或多或少都有關注「國球」棒球的大小賽事，也會知悉一些重量級的棒球好手們。我在學生時期就知道綽號「喇叭」的潘忠韋選手，印象最深的就是他的長打能力以及揮棒時為了保護自己特殊的跌倒姿勢。二〇一〇年喇叭退休，剛好我也離開醫學院投入繁忙的住院醫師訓練，逐漸沒有再追蹤場上球員們的動態。

二〇一〇年三月，馬偕醫院陳洛合醫師突然 line 我：「有一位血癌的病人需要做不相合幹細胞移植，可以轉介去台大嗎？」陳醫師在台大住院醫師訓練時比我小一屆，後來跟我都專攻血液腫瘤科，時常會交流各自治療的經驗。隔了幾天，病人的太太帶著病歷來到我診間，赫然一看病歷摘要上病人的大名：「潘忠韋」。

似曾在新聞上看到喇叭罹患血癌的消息，但從沒想過即刻開始我要加入喇叭，一同參與了這場名為「幹細胞移植」的比賽。

喇叭治療血癌的過程，明顯比其他同年齡的病友來的艱辛。本書中鉅細靡遺的描述他經歷敗血症、腎衰竭、黴菌感染、幹細胞植入失敗、移植後排斥等重大事件。這些難關發生率其實不高，更何況是這麼多的難關同時出現在同一位患者身上。很幸運的是喇叭成功度過這樣多的關卡，經歷漫長的住院治療與調養，也數次瀕臨死亡的威脅，如今能夠再度回到主播台為球迷們轉播球賽。在他長達半年的住院過程中我有機會近距離觀察喇叭並與他討論治療，我認為他的精神意志力在病人中是數一數二強，面對這麼多的難關，心境卻保持淡定，還會反過來替醫護人員加油打氣。他虔誠的宗教信仰以及從小到大在球場上或是做房仲時期鍛鍊出的心智，為這段抗癌過程提供了充足的養分。

許多讀者一定想問，為何要讓喇叭去做移植，然後經歷了這麼多辛苦？隨著血癌基因診斷學的進步，我們在病人初診斷或是第一個療程時，就已經摸清楚疾病的走向，喇叭的病況唯有積極做幹細胞移植，正面與疾病直球對決才能根治，標靶和化療能夠暫時控制疾病，但隨著抗藥性累積，疾病終將復發。

身為治療血液癌症的醫師，已經參與了數百位血癌患者生命的賽局。生命的賽局與棒球賽有諸多相似處：比賽結束前沒有絕對的輸贏，落後時可能絕處逢生，領先時亦有可能大意失荊州。球場上講的是防禦率、打擊率，治療講的是成功率，這些數據給我們機率大小的概念，有時結果卻出現在機率小的那方。喇叭住院中也常說他把每次的化療都當成一場比賽，把幹細胞移植當成世界大賽，他會盡其所能的在治療前調整到最佳的狀態，即使對手太強而失敗他也會平常心接受結果。

謝謝喇叭願意分享自己人生賽局的點點滴滴。身為球迷，我見證他的鬥志從球場內延伸到場外；身為醫師，我感謝他對醫療團隊堅信不移，即使死亡曾經是如此的接近。

我相信本書的內容會為諸位讀者的生命帶來積極奮進的力量。

推薦序——

替你開心

中職球星／林智勝

還記得那天是星期五下午練完球，才剛走出球場，接到了出版社的電話：「林先生您好，我是時報出版社，潘忠韋先生有一本新書即將要出版，他希望您可以為他這本書寫序。」

「你確定是說這個打棒球的林先生嗎？要確定欸，不是詐騙電話吧？」

找我出席新書記者會還可以，寫序？還真的是考倒我這個長時間拿球棒不是拿筆的好朋友了。

但真的很榮幸，人生中第一次寫序的經驗能留給這一位陪伴我棒球生涯多年的好友，尤其特別在這個時機點，正是這位經歷挑戰的生命鬥士重新地以更堅毅的姿態回到棒球圈之時。

喇叭對我來說不只是隊友，他也是我棒球路上的導師，年輕氣盛的我時常無法控制自己的情緒波動，常在球場上展露我的真性情，但這就是我對於職業舞台的態度。

喇叭說：在球場上，他從我身上學到很多。但其實他穩重且勤奮的態度一直是我所要學習的課題。活潑、樂觀是我帶給大家的第一印象，或許從外表看起來我總是一派輕鬆的樣子吧！就如書中喇叭說到：我享受棒球那種純粹的快樂，從進職棒以來我依然保持這樣的信念，快樂打球並且享受比賽所發生的任何狀況。而之所以能這麼做，便是因為有著像喇叭這樣的夥伴。棒球是團體戰，能與隊友一起享受那種純粹時，我在場上才可以隨心所欲地表現。

俗話說上帝關了一扇門，必會在另一處開一扇窗，卻不會輕易說出為你開的另一扇窗在哪裡，必須靠自己不斷的摸索與嘗試，過程中會有跌跌撞撞，但這都是往後尋得這扇窗的的麵包屑，循著麵包屑走就會找到。喇叭從職業選手身份轉換到教練、房屋仲介員、球評一職，他努力不懈的精神跟強大毅力，造就了他現在的成就，真的很替他開心。有時賽後會再觀看賽事轉播，他專業且幽默風趣地談吐，真的有學到我的口才~哈哈。

「生命鬥士」常用來指稱生活上遭遇困難、突然發生變故或因身體上的疾病、殘障導致生活上有困難的各種各樣的人，他們都跟喇叭一樣不放棄自己，勇於挑戰、樂觀進取、開朗上進，願意面對現實，與外界作親密的互動，並且有良好的品行。

得知喇叭「抗癌成功」我真的很替他開心，新球季開始看到他也回到熟悉的球場（主播台）上再替他開心一次，這次出書我又要開心一次了！

推薦序——

喇叭，加油！

資深球評／曾文誠

該用什麼角度來看這本書？

一名棒球選手的成長、奮鬥史？

你在書中會看到喇叭提到小時候的訓練是「從一個完全不會打棒球的小學生，兩年之後拿到世界冠軍，其中得要投入多少時間和苦練，實在難以想像。」還有，生理之外的心理煎熬，「在近乎是職業球員式的高強度訓練環境，加上學長的霸凌，那段時間的我簡直就像是活在地獄。」「感覺自己一直在為下一場比賽、下一個球季在準備。」

這就是喇叭的棒球成長史，一頁含著血與淚的成長史，我曾在他的婚禮上致詞說「看到今天潘忠韋成為職棒名將，大家有沒有想過，為了今天他曾過著沒有寒暑假的學生生活……」但如果仔細想想，他的故事過去在台灣棒球界會是特例嗎？好像又不是，少棒球員當職棒選手練、學長制下不合理的規範及衍生而出的霸凌；還有最令人難過與不捨的是，為了打好棒球犧牲掉的童年、親情還有上學求知權利。以上種種，喇叭是特例嗎？喔！不！他只是台灣棒球過往不斷地要求奪冠下的「複製貼上」而已。

那該用血癌病人的抗癌歷程來閱讀此書嗎？

看到書裡面那段，當醫師告知喇叭，「潘先生，看起來幹細胞是沒有成功地種上去。」代表移植失敗，且是只有百分之二機率失敗時，我在想如果是我，撐得住嗎？我不是從這本書才第一次知道他原本欣喜地等待移植、等待出院，結果卻被重新打回地獄的這段歷程，之前每回聽，每次我都問自己一次，我能不能像他那般地有勇氣面對這一切？結果心中的答案常是否定的，我應該撐不下去，甚至想一走了之吧！幾次和潘忠韋聊到從醫院到回家這段走了幾年的路，他語氣很平靜，有時還會帶點笑容來回憶，但在當時不管身旁一起聆聽的是我太太或主播常富寧，我們的內心其實都很不平靜，空氣近似凝結，他說起在病房中高燒不退、每夜的惡夢、投藥後的強大副作用、化療後的噁心狂吐外加食不知味，還有不止一次地準備迎接出院又被回拉，拉回那隔離最愛女兒、冰冷的白色囚床。誰能受得了？

可是他撐過來了！所以我們該把它當成一本抗癌鬥士的勵志書，是可以的，這或許是潘忠韋出書的最大目的，甚至他說未來也希望能回到醫院當志工，因為喇叭想用他過來人的經驗去幫助、鼓勵更多的人。

這真的很棒，但我想更進一步探索的是什麼原因讓他能打贏這場「不能輸的比賽」！此時我才查覺到他的棒球成長路並不是那麼「平凡無奇」，不應視為大家都相同路走來地看待，打了數十年棒球或者說他能「活下來」成為職棒好手，潘忠韋有他的成功之道及體悟。當看完全書時你的感受應該和我一樣，從小開始的棒球訓練及養成，讓他在面對這突如其來的血癌對手，怎麼用棒球團隊的思考去迎戰。因此他寫到「把醫師和護理師當成隊友，我們一起打這場比賽」，還有很多事都是有變化的，無法如你願，就像一場棒球賽，所以他說「棒球也教會我，人生其實沒有時間把自己完全準備好，沒時間難過、沒時間悲傷……即使我做好萬全準備，也有可能單場吞下四次三振。」醫療團隊的隊友們之外，自己也要努力，因此他告訴我們要「懂得和身體對話，了解自己的身體，是職業運動必須要學的課題，這也是我後來罹患血癌後每天都在做的事。」「我不會把壓力丟給隊友，不會問『我到底什麼時候可以出院？』」

該用什麼角度來看這本書？

也許我們都該學學潘忠韋在面對人生苦難與過不去的關卡時，別急著怨天尤人，學著如何和自己對話，如何信任家人及身邊那些想要幫助你的人。雖然我們都不是棒球選手出身，但希望我們都能做到這一點，儘管很不容易，卻是一個可以努力的方向。

喇叭，往後還要加油！

自序——

只要不放棄、只要願意相信，永遠都有無限可能！

疾病很討厭，但很多時候是身不由己。既然躲不開，不如正面迎擊！

從確診那天到今天，我不斷在得到與失去之間學著跟身體好好相處，雖然暫時失去了健康、工作，打亂原本熟悉的生活步調，但也得到了哥哥的骨髓、好多人的愛與幫助，以及這本書的誕生。

「為什麼想出書？」

這個問題我問過自己好幾次，一開始是和魁哥（田鴻魁）還有亞當的談話中聊到生病與治療的過程，不知道是不是因為內容太曲折離奇、超乎想像，他們鼓勵我可以把對抗疾病的歷程跟更多人分享。當時其實沒有很認真思考這件事，畢竟身體經過兩次骨髓移植與一百天的急性排斥期，連出門都有點困難，還想出書?!

直到我的臉書跳出了幾則陌生訊息的通知，都是來自跟我同樣疾病確診的病友或是家屬，詢問有關治療的細節以及用藥反應，甚至是遇到差不多的狀況時該怎麼處理等，從文字就可以感受到他們的心急如焚、不知所措，我一邊分享自己的經驗、方法，同時也想起魁哥、亞當的出書建議，希望藉由我走過的路，對正在承受痛苦的朋友有那麼一點點幫助。

出書的過程和對抗疾病的過程有幾個類似的地方：第一，需要意志力；第二，都不是我自己一個人可以辦到的。

第一次遇到亞當是二〇一七年我受邀參與由他製作、主持的廣播節目「HITO大聯盟」，他對棒球的熱愛與準備內容的功力，讓我十分佩服。後來他也成為多個熱門Podcast節目的製作人、駐美特派記者、棒球球評、專欄作家，以及這本書的共同作者。

口述的過程，彷彿是在亞當面前倒帶我這四十幾年的人生，因為他懂棒球，說到跟棒球有關的部份，他總是可以一聽就懂，而且書裡頭有很多我與棒球的回憶，還是亞當提醒我才想起！提到疾病，亞當常說「我很難想像」，但他還是做了很多功課，還原當時的情境與心境。所以我想把第一個感謝送給亞當，謝謝他的耐心傾聽與精湛文筆，詳實紀錄下我的人生故事，每次的訪談對我來說，都像做了一次心理諮商，每說一次，痛苦、沈重的部份就減輕了一點，美好、開心的部份又溫暖了一遍，希望這份力量也可以在所有讀者身上發揮作用。

一場突如其來的疾病可以改變很多事，讓我從全家最強壯的人，變成最需要幫助的人。從照顧者成了被照顧者，這個角色的轉換，在一開始很不習慣，捨不得秀萍、潘暐東奔西跑，不忍心爸爸媽媽還有哥哥為我擔心，也不好意思麻煩秀萍姊姊們張羅飲食和所有補給。我看見他們一直堅強的站在前方，為我擋風遮雨，要我排除一切擔憂，專心面對疾病。我感受到的是好幾份綿密的愛，一塊又一塊拼成最完整的戰鬥力，不管眼前好壞，都不孤單。在病中，有好幾次崩潰到不知該怎麼辦，但是看著蜷在陪病床上的秀萍，想著等我回家抱抱的潘暐，家人的力量一次又一次的支撐著我渡過每個關卡，也是我最想感謝的。

白血病的療程比其他疾病來得漫長，我從新竹馬偕到淡水馬偕，從新竹台大到台大癌醫中心，從確診到二次移植後成功出院，這一年多的日子，我最常說的就是「謝謝」。長時間近距離的和醫師、護理師朝夕相處，才真正體會「視病如親」這句話。還記得在我知道第一次骨髓移植失敗時，我的主治醫師和專科護理師毫不遲疑的馬上擬定另一套作戰策略，不但沒有太多時間悲傷，最重要的是，我感受到他們的努力與拼勁，有一種「最厲害的人都在幫我，一定要更努力才行！」的勇氣加持。某種程度他們也如同家人一般，付出大量時間與精力，希望眼前的病人可以健康平安走出醫院，這個意念我天天都有接收到，在篇幅裡說不完的感謝，在這裡我再說一遍。

很多人因為棒球認識我，也有人是因為這一場疾病知道我的故事，而不管是球迷或是朋友，都不吝嗇的給予很多祝福與關心。在病床上，看見加油影片、接到慰問電話，每次都感動到淚水都在眼眶打轉；手機裡，滿滿的都是來自四面八方的問候與打氣。出院後回到轉播台，有時播到延長賽，總會看到球迷朋友的貼心叮嚀，要我不要太勞累、注意身體多保重。常常想，自己是幸福的，雖然被疾病襲擊，但也得到很多愛還有照顧，也想透過這本書讓所有關心我的朋友知道，我真的很努力，也真的沒有放棄。

曾經問過我的主治田豐銘醫師，為什麼會選擇血液腫瘤科，他非常肯定的回答「因為這是一個真正可以被治癒的癌症」，又補充「這十年來白血病的用藥有非常大的進步，在臨床上有更多武器可以使用。」

最後，我想把這份堅定分享給所有正在面對疾病或低潮的朋友與家人，眼前的難關就像一場棒球賽，戰況或許膠著、情勢或許看來不太妙，但在最後一個出局數出現之前，永遠都有無限可能，只要不放棄、只要願意相信，不管最後輸贏，至少可以問心無愧拍拍自己，「做得好」！

1

全力揮擊

二〇〇五年九月七日的晚上，南台灣的天氣很濕熱，比賽還在進行，來到十一局下半，比數二比二，澄清湖棒球場的人越來越少，雖然還不到晚上十點。

「現在上場打擊的是，第四棒，潘忠韋。」球場廣播傳來我的名字。

我是十一局下半第一位打者，面對的是前一局上來的後援投手吳保賢。他的武器是一顆大幅度曲球，進壘前的軌跡很漂亮，像是在投手丘和本壘板之間劃出一道美麗的彩虹。

我的目標，就是粉碎這道彩虹。走上打擊區之前，我心裡想著，

「一定要打出全壘打。要全力揮擊！」

我平常並不會像這樣子追求全壘打，但這次不一樣。回想起兩年前，二〇〇三年（中

華職棒第十四年）兩聯盟合併，我加入第一金剛隊，當時一整年面對兄弟象十九場比賽，居然一場都沒有贏。後來只要對上兄弟象，我就特別想贏，兄弟象的球迷又多，讓我更想表現。

我的「卡逃呼」（膝蓋）不好已經不是秘密，膝蓋因為多年姿勢不正確，加上密集的賽程，狀況越來越差，幾乎沒有辦法承受我的體重。如果全力揮棒但是沒有咬中球的話，我就要順勢跌倒，讓力量順著身體放掉，為的是不要再讓膝蓋承受巨大的壓力，在打擊區「跌跌撞撞」是常有的畫面。

果不其然，一好三壞的球數，那顆有美麗弧線的曲球被我打成界外，可是擊球之後我瞬間失去重心，也來不及撐住身體，我整個人倒在本壘板上，雙腳朝天。兄弟象的休息室瞬間爆出陣陣笑聲，我自己也差點笑出來，跌倒的樣子實在好糗。

可是我不會因為害怕跌倒出糗，而放棄全力揮擊。

我坐起來，右手撐著地，把自己扶起來，拍一拍褲子上的紅土，思考下一球。兩好三壞，這是我跟吳保賢對決的最後關鍵。

已經連續三顆變化球了。我已經跟得上他的節奏。「下一球是速球還是變化球？」

管他的，我要一棒終結比賽。

心中預想的那道彩虹出現在面前，我瞪大眼睛，用球棒攔截它。

第四次全力揮棒，吳保賢的曲球掉在我腰帶的位置，是我設定好的球路和進壘點。

「砰！」

我擊中球，力量完美地釋放，仰角拉高，順勢把球棒甩出去，雙手張開。我望著小白球直衝天際，飛向左外野觀眾席，劃出另一道彩虹。

「下班了！」瞬間我的腦袋就放空了。經過一壘時和教練林振賢教練擊掌，然後頭低低地繞過二壘。從小教練告訴我們，棒球教我們要尊敬對手，我雖然非常興奮，但沒有做出任何慶祝的動作，這不是我作風。

但欣喜若狂的隊友們早就在本壘等我了，大家彎著腰，用手指頭指著本壘板，最後我撲向本壘，把本壘板當作枕頭一樣抱著，回到本壘得到 La New 熊隊這場比賽的第三分，隊友全部撲上來把我壓在最底下。

比賽結束。

這是我在中華職棒的第一支再見全壘打。回想起來，也像是人生的縮影。

2

什麼是黑暗

手機螢幕上顯示，今天是二〇一九年十二月五日。

一整夜幾乎都沒有真正入睡，恍恍惚惚中感覺窗外好像天快亮了，睜開眼睛仔細看看周遭環境，這六坪大小的空間，裡頭有廁所，有電視、邊桌、置物櫃和一張小沙發床，如果不是頭頂的點滴架和一身病人服，會有種身在某間商旅單人房的錯覺，但是看見窗外的「淡水馬偕紀念醫院」幾個大字時，瞬間被拉回現實。

不知道是前一天的震撼帶來的疲累，還是血球太低，全身有種甩不掉的沈重，無法思考也無法專注，唯一可以確定的是，我的人生自從昨天確診急性白血病之後，將有天翻地覆的改變。

「唰」的一聲，自動門開啟，戴著口罩、穿著隔離衣的護理師走了進來，拿了一袋血袋。

「叫什麼名字？」護理師俐落地問。

「潘忠韋。」突然有點不好意思說出全名。我好像站在打擊區看一顆快速球進壘。

「出生年月日？」護理師又丟出另一個問題。

「嗯……六十五年八月十日。」，還遲疑了一秒鐘才回話。

又來一顆。

「現在要輸血了喔！」護理師的口氣平靜又專業。

這個點名的方式，有種熟悉的陌生感，突然想起這份不安與恐懼，好像以前也有過。

國小四年級上學期結束，我離開屏東萬巒鄉赤山村的老家，加入屏東復興國小棒球隊，跟哥哥一起打球。在這之前，我是家裡最寵愛的孩子，哥哥之前就已經離家加入球隊。在家裡，爸媽全部的愛都給我一個人，我就是家裡的寶。

「你去就好好練球。」離家前，爸媽跟我說。

「好。」我說。

這是爸媽給我的第一個任務。他們之前從來不會管我考試考幾分、在學校怎麼樣，可以說近乎放任。我這個「媽寶」第一次離家，完全不知道接下來是什麼樣的世界在等待著我。

當時復興國小棒球隊會到屏東各地去測試，尋找有天份、有運動能力的小學生，一批招進來三、四十個人，第一天開訓之後就只剩下三、四個，其他撐不過魔鬼體能訓練的就先回家了。反正爸媽要我好好練球，我也沒有想過要放棄。

我還記得，第一天早上練球就遲到，因為根本沒人叫我起床，在什麼都搞不懂的情況下，就去罰站。才剛離家的小四生哪知道外面的世界有什麼規則呢？

一整天下來從晨操、體能訓練，再上課，放學後吃過晚餐後還有晚操。日也操，夜也操，不僅比職業球員練得更多，以小學生的標準來說，技術的要求也很高。你想想，我從一個完全不會打棒球的小學生，兩年之後拿到世界冠軍，其中得要投入多少時間和苦練，實在難以想像。

復興國小的林省言教練是我棒球路上的啟蒙老師，雖然他的名字看起來沈默寡言，但其實很會講。基本上我就是透過他告訴我們的事情，來認識這個社會、這個世界。林教練影響我很多，不只有棒球觀念，還有人生觀。

他曾經說過：「做什麼要像什麼。」這句話影響了我一輩子。從棒球場上不同的守備位置，再到離開球場轉做房仲業務，還有後來的球評、癌症患者，我都是抱持著這樣的觀念，把「扮演好自己的角色」做為最重要的任務。

在少棒隊時，當時的風氣都還是「鐵的紀律」，林教練也不例外。他就像一位嚴厲的父親，除了在訓練時絕不含糊，比賽時全力求勝，如果投手投出保送，被換下場，他可是一路打回休息區。球場外，林教練私底下會像父母一樣關心我們，因為週一到週六，我們都住在屏東棒球場，幾乎就是我的第二個家。他雖然沒有辦法全心全意地照顧每一位球員，可是該有的關懷還是沒有少。

因為八月出生的關係，可以配合教練希望我留在球隊打球，爭取好成績，我就沒有跟著原本的同學升上國中，而留在六年級再念了一年。國小畢業到了鶴聲國中，還是林教練帶我們，當時我們是鶴聲國中第一屆棒球隊，上面沒有學長，環境有了大轉變。加上那時政府推行「愛的教育」，林教練的執教方式也順應風氣，變得很有親和力，不再是高高在上的嚴父。國中那段期間，我們的成績更好了，一路過關斬將，打遍天下無敵手，甚至代表台灣到美國佛羅里達州的奇士美（Kissimmee）[1]，還拿下世界冠軍。那段期間讓我了解到，教練叫我們勤奮練習真的有用，一座又一座的冠軍獎盃就是最好的證明。

不過老實說，當時我的棒球知識很缺乏。我能做的就是訓練時盡可能跑快一點、把球打強一點；比賽時，只是想著不能失誤，要打安打，要對球隊有貢獻，甚至可以說是被「不想挨罵」的恐懼驅動著，逼使自己跟上腳步。透過反覆練習，才能在關鍵的比賽克服緊張、打出水準。可是我並不知道棒球比賽到底是什麼，戰術是教練在喊的，我只

1 一九八六年開始在美國佛羅里達州舉辦世界青少棒大賽（Senior League World Series），是美國少年棒球聯盟（又稱世界少棒聯盟）所舉辦的世界性比賽。球員年齡為十五至十六歲青少年。

是照做，知其然不知其所以然，就好像棋盤上的棋子一樣，只不過我執行得比較好而已。

少棒的時候我大多數時間都是擔任投手或捕手，有時候會守游擊和外野。我的第一個捕手手套是球隊共用的，非常破舊，接球的球擋下方還有一個大洞，如果沒有把球確實接好，球就會從手套中間穿過去打到我。那時候就靠著克難的環境和器材，加上地獄般的訓練份量，復興國小成為場上的常勝軍。

少棒時期贏球雖然不像喝水一樣容易，但也是家常便飯，因此讓我印象最深的反而是一場輸球的比賽。哪一場盃賽我已經忘了，只記得贏了就可以代表台灣打進威廉波特[2]。奇怪的是，在那次盃賽中，主審已有幾次不公正判決影響比賽，離譜的壞球也判好球這種誇張情況都曾出現。其中一場對台中代表隊的關鍵比賽，我在本壘當捕手，明明先觸殺跑者，卻判得分，還有新聞照片證明，那場比賽最後還是我們輸了，錯失拿冠軍的機會。為了突顯裁判判決問題，教練要我們在一場和台南公園國小少棒隊的比賽結束後，在投手丘旁跪成一排，哭著請裁判要公正，後來還鬧上新聞。我還記得當時大家你看我，我看你，像孝女白琴一樣假哭。

我討厭棒球。

「或許大人的世界就是這樣吧？」那時才知道原來比賽是可以被控制的，看到了大人的黑暗面，但我做不了改變，影響不了什麼，教練叫我做什麼，我就做什麼。乖乖打球就對了。

2　少年棒球聯盟世界大賽（Little League World Series），是美國世界少棒聯盟（Little League Baseball）所舉辦的世界性棒球比賽。每年八月會在該聯盟所在地賓州威廉波特比賽。球員年齡為十一至十二歲的少年。

喔，不對，不只有乖乖打球而已，還要洗學長的球衣球褲。

剛進球隊的時候，只有我一個四年級的學弟住校，我家太遠，沒有辦法每天通勤上學。教練也不可能同時有效率地管理國中國小兩個球隊的住校生活，人力不夠就找國一國二的學長來管理。跟現在少棒的環境很不同，以前的球隊生活像是當兵一樣，只不過是小孩管小孩，學長也只比我大個三、四歲而已。我每天練球完就是要洗學長的衣褲，有時候累到一整個星期我都沒有洗澡，光洗學長的衣褲就累壞了。

說起來也很矛盾，我當時還跟另一位負責煮菜的郭教練自告奮勇，要洗全隊的餐盤。練球完都已經很累了，卻還主動去攬這些事情來做，難不成我有被虐待的傾向嗎？其實後來回想，或許就是受夠了教練和學長給我的指示，只能被動地接受，至少「洗全隊的餐盤」這件事是我可以自己做主的，算是捍衛當時只能放在心裡的那一點點自主權。

老實說，勞力活還是比較可以承受的。被學長們欺負才是難熬的日常，回家的時候也都不敢跟爸媽說。唯一一次他們知道我被欺負，是因為打公用電話回家時，學長們把我抓住，我哭了起來，電話另一頭的爸媽聽到，才跑到球場問教練發生什麼事情。教練後來也因此處罰那些學長們。只不過學長哭完，接下來就換我遭殃了。

其實現在回想起來，在近乎是職業球員式的高強度訓練環境，加上學長的霸凌，那段時間的我簡直就像是活在地獄，當時我常問自己逃得出去嗎？但又想起爸媽跟我說的要好好練球，就只能咬牙撐過去。

哥哥雖然跟我讀同一所學校，在同一個球隊，不過他住在另一邊的宿舍，行程也不一樣。記得剛到球隊時，有次我沒吃完的餅乾和零用錢被偷，哭著跟我哥訴苦，哥哥也只是冷靜地說：「哭有用嗎？你要想辦法生存下去。」從那次之後我就學會把錢藏好，零食沒吃完也寧可丟掉，不然就是全塞進嘴裡，無論如何就是不要被學長偷吃掉。

「喇叭」這個綽號也是在國小的時候被學長取的，至於原因，就是另一段故事了，總之我當時很不喜歡這個綽號。除了打球以外，那段期間回想起來就是一片黑暗籠罩，也常常做惡夢。說真的，到高中之前，我完全封閉自己，連看鏡子都會害怕。一個人獨處時，得靠大量的心理勵志書籍才能不被負面念頭吞噬。

也靠著這些書我開始學習與自己對話。還記得到大學時，看到《最後十四堂星期二的課》這本書，裡面臨死的主角和小男孩討論生命的意義，讓我意識到應該要開始主動地和心中那個被傷害的小男孩對話；我也看劉墉的書，看他和兒子的對話，討論人生，把我與爸媽的關係投射在書中的文字，可以學習了解自己，明白自己的情緒從何而來。

唯一支撐我走下去，還沒有走偏的，依舊是爸媽那一句「好好打球」，他們給我無條件的愛，這是當時不相信人性的我，僅存的依靠。家裡後來在我國中時開了自助餐店，回家時看到媽媽從早忙到晚，在高溫的廚房忙進忙出，從不喊一聲苦，對我來說是一個很重要的榜樣。因此，我不會抱怨球隊的事情，不想讓他們擔心，我做好自己的本分就好。

一直到我真正成為職業球員之後，才能夠擁抱噓聲和掌聲，能夠接受過去的自己。那段黑暗時期都挺過了，沒有放棄，還有什麼事情能夠擊倒我呢？我可以很驕傲地說，在打職棒那段期間，場上表現難免會遇到低潮，但就算成績不理想、飽受傷痛困擾或是其他不開心的事情，我都可以很快地渡過，咻一下飛過心理低潮，從來不卡關。這是因為我曾靠著自己走出黑暗，知道路在哪裡，使我不會慌張，能找到一套方法和自己相處，也知道該如何鼓勵隊友，把不好的感覺轉化成一種動力。

我想，這來自黑暗的領悟，也算是一種禮物吧？

3

從墊底到冠軍

台大癌醫中心的病房窗外的風景很棒，可以遠眺台北101。不過我大多數時間只能虛弱地躺在病床上，聽著電視上傳來的棒球比賽轉播。癌醫的專科護理師禹潔也是棒球迷，可惜她支持的不是La New熊，而是興農牛。偶爾在她工作的空檔，我們會聊聊棒球，讓我回憶起很多以前的事情。

我的棒球生涯過得很快，彷彿一眨眼的時間而已，留下的記憶也不多。從復興國小，到鶴聲國中，畢業後原班人馬加入了屏東中學棒球隊，一路跟著恩師林省言教練，大學來台北念台北體院（台北市立大學天母校區），業餘時期的集訓和出國比賽，到進入職棒後球季中密集的賽程，感覺自己一直在為下一場比賽、下一個球季在準備，原本的記憶很快就被新的任務給取代，忘掉的比記得的還多。我想「遺忘」也是做為一個職業球員必須要有的技能，忘掉壞的、忘掉不需要的、忘掉令人煩心的，好好地專注在準備接下來的比賽。比賽一個接一個，棒球生涯就這樣一層一層打上去，就像漫畫裡的主角不斷變強，一直面對不同的難關。

從小我就很喜歡看漫畫，什麼漫畫我都看，看漫畫可以讓我暫時活在自己的想像力裡。我特別喜歡《七龍珠》系列，它在青少年時期帶給我很多力量，悟空和他的朋友們告訴我「每次痛苦過後就會成長」的道理，因此我對於痛苦的棒球訓練有了不同的想法，只要想著越練就會越強，就像悟空一樣，不停地升級。

對於七龍珠的角色設定、劇情和畫風，我都深深著迷，也因此我開始動手畫漫畫。可能很多人都不知道我有「畫漫畫」這個很反差的嗜好。在學校上課的時候，因為練球時間長，國中跟不上進度，常常老師在台上講課，我就在台下安靜地畫畫。不管是七龍珠還是可愛的卡通人物，連少女漫畫我也可以模仿，各種風格我都很喜歡。我想可能是在畫的過程中，我可以創造一個理想的世界，幻想自己是漫畫主角，有一段熱血的冒險故事吧？不過翻開當時的作品，居然都沒有自創的角色，只有模仿而已。如果我持續地畫下去，說不定也能出一本自己的漫畫集吧。

也幸好，那些筆記本都還留著，現在回老家翻一翻，會想起很多原本以為已經遺忘的事情。

我也跟七龍珠裡的悟空一樣，隨著遇到的對手越來越強，我也越來越強。因為棒球去過很多地方，少棒時期去美國打小馬聯盟拿冠軍，業餘時期到過古巴、多明尼加、加拿大、荷蘭訓練與打比賽。並還跟著La New熊到日本東京巨蛋打亞洲大賽，很幸運地還有機會可以入選中華隊，拿下中華職棒冠軍，這些機會讓我深深地感謝棒球。

「可是你有愛棒球嗎？」高英傑教練的話一直在我腦裡迴盪。

當時我剛從屏東中學畢業沒多久，來到北部讀台北體院。一九九八年入選中華隊，為了備戰年底的曼谷亞運，去古巴移地訓練，高英傑教練則是當時中華成棒隊總教練。記得當時打者都在練習揮棒。結束之後，高教練卻突然叫住我，把我留下來，我好緊張，心想是不是犯了什麼錯？還是哪裡做得不夠好？

還想不出原因的時候，高英傑教練開口了：「**你有愛棒球嗎？**」

我楞住了，面對這個我從來都沒有想過的問題，比挨罵還難消化。

那時候我只知道不停練習就會變強，變強就能幫助球隊贏球，但從來沒有想過什麼是「愛棒球」。這個問題徹底震撼了我，也開啟我跟棒球的全新關係。

從小到大，我只是被動地接受教練的指示，百分之百完成課表，但從來沒有主動去思考怎麼樣可以變得更好。理解教練交代的任務後，只有執行、只有訓練，把辛苦訓練的動作變成反射，沒有思考、沒有靈魂。沒有靈魂就沒有愛，我只是想把任務給完成而已，這不是愛，這是認命。那個問題改變了我對棒球的態度，不再只是為了訓練與比賽，我開始去了解、去思考，慢慢地，我從討厭棒球，開始愛上了棒球。

曼谷亞運以前可能許多球迷沒有聽過我的名字，直到那一年我從南韓隊的金炳賢手中擊出全壘打。但老實說，當年面對他的時候，我根本不知道他是誰，只知道南韓隊有幾位很厲害的側投，並在之前國際賽有對戰過，知道他們的特性，但當時真的記不清楚每個人的名字與長相。

我在賽前做了很多功課，因此知道幾位側投特性，例如金炳賢的出手簡潔、節奏明快，跟另一位側投林昌勇有所不同。那時候台灣很少側投的投手，得靠意象訓練來揣摩練習。當時我們打國際賽還是用鋁棒，外角球打中還可以飛很遠，比較怕側投投到內角被擠壓到。記得那次對決，我特別注意金炳賢從踩踏到出手的節奏，擊中球的瞬間我感覺很不錯，最後球飛過中左外野全壘打大牆。

過了兩三年，我才知道當年那位低肩側投投手上了美國大聯盟，還在二〇〇一年的世界大賽投球，我這才將人名與長相對了起來，記住他的名字：金炳賢。不過因為那場比賽最後輸給了南韓，後來也很少機會回憶起那支全壘打了。

體院畢業後，我透過選秀加入了台灣大聯盟的高屏雷公隊。在雷公隊時期是徐生明擔任總教練，因為他很兇，很有威嚴，那時候大家都很怕他，可是我卻覺得很自在，因為我都會把自己該準備的做好，他很少罵我。

印象中他只罵過一次。那是一場例行賽，我打第四棒，那天打得實在有夠差，比賽結束後，徐總用很嚴厲的口氣對著我：「第四棒打成這樣，真的是不及格！」。我沒有覺得不舒服，因為他說得一點也沒錯。

還記得打職棒的第二年，有一場熱身賽，我為了接一顆一壘附近的界外飛球，衝進休息室，小腿整隻塞進長椅的下方，起身的時候才發現整片皮都不見了，後來還因此感染蜂窩性組織炎，休息了至少二個月。為了趕快歸隊，我天天心急如焚、每天都到球場報到，努力復健。徐總好像看出我的著急，有一天他把我叫去，帶著只有家人會有的表情和語氣跟我說，「真的不要太急，好好休養，先把傷養好了再回來！」

讓我得到一種平靜的感覺，有健康的身體，才能做喜歡的事，徐總的話，我記住了。

後來兩聯盟合併，我加入了第一金剛隊，剛開始的第一年，我們實力和其他隊伍有明顯落差，而且總是被兄弟象隊吃得死死的。打到下半季有幾場，我們終於有點機會，有時候領先大半場卻被逆轉，整季下來二十場比賽我們一場都沒有贏（18敗2和），這恐怕在少棒都很少見。

雖然賽前球員們做足了準備，認真研究對方投手球路和習性，但我們上了場還是屢戰屢敗，球迷和媒體看我們第一金剛隊都覺得士氣低迷，還沒打就感覺先輸一半。但其實我每次要面對兄弟象，都把狀況調整到很好，而且很享受那種不被外界看好的眼光，就更想要證明自己的實力。雖然結果不好，但是我們在休息區慢慢形塑出一種氣氛，「盡全力，輸了也沒關係，比賽精采大家都看得到」。那時候我已經是主力球員，更要以身作則，在場上拿出拚勁，就會帶動其他隊友，這種對勝利的渴望是有傳染力的。

雖然第一年成績墊底，還看不出來這樣的心態有什麼幫助，但這樣的文化慢慢形成、醞釀著。比賽時，我們全隊都不會靠牆坐著，而是在場邊手靠在膝蓋上看球，這樣的動作就很重要，無時無刻關心比賽，用行動支持隊友，為隊友加油。總是抱持著「有機會逆轉」的心態，不管落後幾分都一樣，我們是支年輕的球隊，雖然不穩定，但對方投手、守備也不是機器人，也是會有出錯的時候，我們更要把握機會，不要放棄，這樣的意志也會在球隊中形成一股正向的力量。

隔年我們改名成 La New 熊，第一場對到兄弟象，一路打到延長賽第十局，還是二比二平手，靠著蔡泓澤（現在是蔡昱詳教練）的再見全壘打中斷了這個連續不勝紀錄！我還記得那球一路往右外野標竿飛過去，是一發平射砲。蔡泓澤繞過一壘時振臂歡呼，當他回到本壘的時候我們全隊衝上去，瘋狂地吼叫，超級開心。後來球隊母企業 La New 還因此打八折慶祝，成為當時的全國熱門話題。

說也奇怪，對於那球我的印象是那麼鮮明，但我卻對自己的中華職棒首轟一點印象也沒有。後來多年後在媒體訪問時，問到我首轟是在哪一座球場，我居然答不出來。[3]

我想應該是因為職業生涯沒有很多成就，加上常常受傷，沒有累積足夠的出賽紀錄，就沒有什麼令人難忘的紀錄時刻吧。就像前面說的，棒球的球季很長，每天都在重新開始，不管好的壞的都要盡可能忘記，就像電腦每天格式化硬碟一樣，全部重設，只專注在準備上，所以大多數關於自己的事件我都不太記得，得慢慢回想，或有時甚至完全沒有印象。

反而相對記得的都是一些奇怪的事件。比如說有次統一獅的側投投手鄭博王在一場比賽中對我投了兩次觸身球，他因為不好意思還向我脫帽道歉。比賽結束後我特別去跟他說，「在場上就是要有自信，丟到人也不要脫帽道歉。」當時雖然被砸到很痛、很生氣，但我還是鼓勵他要放膽投內角球，不要怕丟到人，如果讓「怕丟到人」的心魔佔據思緒，在場上就先輸一半了，絕對投不出好表現。

改名 La New 熊之後，即戰力林智勝和石志偉加入，讓球隊有了不同的氣氛，加上補強其他球員和洋將，我們慢慢開始變成一支強隊，我在二〇〇五年打出十二支全壘打，還有超過三成的打擊率（.307）。隔年我保持健康，全勤出賽，打滿一百場，而且當時「鋒哥」陳金鋒回來台灣加入我們，幫助我們在二〇〇六年贏得上下半季冠軍，最後也順利拿下年度總冠軍。回想這段「從墊底到奪冠」的過程，才不過短短四年時間而已。這也是我在職業生涯唯一一次的年度冠軍，二〇〇七年和二〇〇八年我們都有拿到下半季冠軍，但就是與年度總冠軍擦身而過，一直到我被釋出，都沒有再嚐過總冠軍賽的啤酒滋味（其實很臭）。

3 中華職棒官網的紀錄是二〇〇三年五月二十九日，在新竹球場對誠泰太陽隊的比賽擊出中華職棒生涯首轟。

因為在二〇〇六年拿下總冠軍，我也有機會跟球隊到東京去打第二屆的「亞洲職棒大賽」[4]，和日本、南韓的冠軍隊還有中國代表隊一較高下，第一次踏上東京巨蛋的場地，有種美夢成真的感覺。那一次我們不但贏了中國，還以三比二打敗南韓的三星獅隊，最後跟日本的冠軍代表隊火腿鬥士隊爭冠。好像當年的悟空，在天下第一武道會一關一關打上去。

只是在冠軍路上，擋在我們面前的是達爾（這跟七龍珠的劇情不一樣）。在台灣被球迷暱稱為「達爾」的達比修有，擔任火腿鬥士隊的冠軍戰先發投手，我們在賽前就已經做足了功課，要和這位年輕的王牌一較高下。當時達比修有最有殺傷力的就是速球和滑球，他把速球都丟在外角低的位置，然後搭配滑球來引誘出棒，在上場前我都擬定好策略，抓他的速球來進攻。可是一站進打擊區，看到達比修有的速球，以為是壞球，卻精準地壓在好球帶邊緣，當好球數被搶走，我的球數落後，面對到他「看起來」要進到好球帶的滑球又忍不住出棒，球其實在通過本壘之前就已經落地，但我還是被他吊中。

鬥士，只拿到亞軍，對我來說這趟越級打怪之旅收穫滿滿，大開眼界。

「原來世界頂級的投手這麼強啊！」我心裡想著。雖然我們最後以零比一不敵火腿

4 二〇一三年舉辦完第七屆之後就停辦。

（上）La New 時期比賽照片；（下）集中精神準備跟投手對決。

高抬腿的打擊動作

和林智勝參加亞洲職棒大賽

在美國波士頓上課

和波士頓的同學出遊

轉播球賽照片

轉播台前準備資料

FOX 體育台接受訪問

中職記者會

我與球員石志偉和林智勝

二〇一七年 MLB 春訓期間訪問郭泓志

桃園球場主播林煒珽和我準備開場

與常富寧主播和陳子軒老師一起轉播 MLB 世界大賽

與曾文誠和田鴻魁合作轉播 MLB 世界大賽

4

久病成良醫

進行完第二次移植之後，我的身體開始出現急性排斥，嚴重影響腸胃系統，每天就是不停地腹瀉，不是躺在病床上，就是在馬桶上，拉到虛脫。

病房裡的電視，正在播美國職棒季後賽，我看到球員在場上做出誇張的動作，自己卻只能在馬桶上。十年前我還可以在球場上跑來跑去，現在卻被困在這裡。

希望大家記得的潘忠韋應該還是穿著 La New 熊球衣的樣子，而不是掛滿點滴的我。

我想，絕大多數的球迷對「潘忠韋」印象最深刻的就是劈腿吧？我說的是在棒球場上的劈腿接球，不是感情上的。

劈腿接球成為我的商標，可惜沒辦法註冊。雖然也有一些一壘手會劈腿，像是大聯盟的韓國選手崔志萬，還有羅納德·古茲曼（Ronald Guzman）都很會劈，但在棒球界中還是稀有動物。

其實在進台北體院之前，我不是專攻一壘手，偶爾客串而已。我主要都是當捕手，少棒和青少棒時期也會當投手。當投手的感覺很棒，因為可以掌控全局，在我黑暗的少棒時期，很少有自己能控制的事情，但每當站上投手丘，就感覺到一股力量，終於有我可以控制的事。其實在人生中，我也覺得自己像是一名投手，有自己的策略，主動出擊，勇敢對決，不喜歡被動地回應生命丟給我的變化球。

在體院一年級時，李來發教練要我練捕手和一壘手，可是我當時有點反骨，只想專心練一個位置，想說就挑一壘手吧，反正當捕手也膩了。教練對於我的決定感到不解，因為一壘手是防守要求最低的，而且未來如果要打職棒的話，發展空間就會受限。一般來說，棒球選手都是開始無法負擔原本的守備位置，為了保留球隊的攻擊火力，才轉換守備位置到一壘。而我一開始就定位在一壘，等於把路走窄了。不過還好我的打擊火力足夠，扛得起一壘手這個位置。

高中的時候我就有意識到身體的柔軟度是可以被訓練的。在做操和收操伸展時，我會多做一點，挑戰自己的極限。日積月累下來，柔軟度越來越好，守一壘時面對靠近身體的反彈球也能比較自在地處理。在當兵國訓隊時，我和鄭昌明同隊，他守游擊常常傳低球，正好考驗我劈腿處理球的能力，也給我展現一壘防守美技的機會。

第一次在比賽中劈腿成功是什麼時候，早就已經不記得了。因為練球的時候我就在劈腿了，比賽時就是瞬間反應，不是刻意做出來的。記得有次打國際賽，外國人還稱讚我劈腿像是在跳芭蕾舞，像是體操的「一字馬」，很有美感。劈腿動作不但能把出局數穩穩地抓下來，還能讓人印象深刻，我很開心。

劈腿並不難，只要你慢慢累積，和身體對話，聆聽肌肉的反應。

懂得和身體對話，了解自己的身體，是職業運動員必須要學的課題，這也是我後來罹患血癌後每天都在做的事情。身體是運動員最重要的資產，也是工具。愛惜工具，並且懂得保護它、保養它，就是尊重自己，尊重所從事的運動。

可是「好漢就怕傷來磨」，運動員不可能完全不受傷。我可以很肯定地說，沒有任何一位職業棒球員的身體是百分之百健康的，所有人多多少少都帶著小傷在練習和上場比賽。一個優秀的運動員，一定要學會如何與傷痛共處，延長自己的運動生涯。

以前沒有運動科學和運動防護的概念，只要覺得不痛，就可以繼續訓練，深信「苦練決勝負」的真理。即便帶著一點小傷，也會忍住，久而久之就會累積成慢性傷害，變成不可逆的結果。像是練習的時候，腳踝如果扭到，如果不嚴重就還是繼續跑，久了就變成骨質增生，再來就變成骨刺。我的肩膀雖然沒有長骨刺，但也因為過度練習，缺乏休息，漸漸地就歪掉了，這也是後來我就沒有再繼續當投手的主要原因。

在國訓隊時期，其實防護員也有告訴我這些運動防護觀念，但那時還年輕，而且都打短期賽事，沒有把眼光放遠。職棒球員的賽季一年如果全勤的話要打超過一百場（現在中華職棒是一百二十場），對於體力和身體的負擔非常大，特別是主力球員，幾乎沒有時間休息。學生時代打個盃賽，頂多五天或是一兩週，撐一下就過去了，如果沒打到冠軍戰，還有更多的休息時間，可以讓身體好好修復。所以後來在職業階段，我才開始主動多了解運動醫學的知識，知道如何在休賽季期間還有春訓時儲備體能，用有系統的方式加強肌力，同時避免在訓練時受傷。現在的棒球員都已經有這樣的觀念了，甚至從學生時期就能接受科學化的訓練方式，實在非常幸福。

說到印象最深刻的傷痛，記得大學的時候有次到美國麻州打邀請賽，那時候賽前腰就不太舒服，不過隨隊的防護員說還可以打，我吃個止痛藥就準備上了。但是在一次揮棒落空後，當下感到劇烈的疼痛，就完全不能跑動。後來才知道，因為背肌和腰部核心是上半身最有力的肌群，當它們感到劇烈疼痛的時候，身體的防護機制被開啟，就會像是被鎖住一樣。如果當時有打到球的話，力量透過球棒釋放在球上，可能還不會這麼不舒服，但揮棒落空時，所有的力量被身體吸收，真的是劇痛。但我站在打擊區還是裝成沒事的樣子，再痛也得忍。

那次揮棒完，我連走路都會痛，當時很不能諒解為什麼防護員評估我可以上場，感覺被唬弄了，這也是我人生第一次經歷大傷。後來我對身體有更多了解，學習更多運動防護的知識之後，才理解其實防護員當時的評估並沒有錯，因為他是在邀請賽時才隨隊，人手也不夠，加上沒有儀器，並不能完全掌握我身體的真正狀況，而且在測試時使用的力量跟揮棒用的力量也不能相比，揮棒要用巨大的力量，要在那種強度、特別的角度下才會感覺到非常不舒服。

後來進到職棒，我每次球季開始就是用 120%、150% 甚至是 200% 的精力在拼，每一場都像超級賽亞人變身一樣，把強度拉到最高。當時的我一直沒有理解做為職棒球員，面對漫長的賽季，要懂得調節體力，就像跑馬拉松一樣，要有穩定的配速，當精神力和體力都保持穩定，表現也才有可能穩定。不然就算狀況絕佳，遇到傷痛一樣什麼都沒有。不能上場，什麼數據都是〇。

聚沙成塔，小傷漸漸累積成大傷，我的腰和膝蓋開始撐不住。二〇〇七年我因為膝蓋傷勢只打了四十三場比賽，前一年才全勤出賽，還拿到金手套，狀況正好，繳出生涯最佳的成績，結果隔年就被迫休息，實在很不甘心，覺得很挫敗。我的膝蓋軟骨從剛進職棒就有狀況，讓我一直無法有正常的表現。我的膝傷在醫學上稱做「膝蓋臏骨軟化」，臏骨就是膝蓋骨，當膝蓋關節彎曲時，臏骨會隨著大腿股四頭肌往前滑動。之前的小傷和日積月累的習慣，導致左邊膝蓋臏骨滑動時偏離，膝蓋臏骨外翻，關節面受力不均，逐漸出現軟化，慢慢變嚴重，出現磨損。當磨損到一個程度就會產生劇痛，那種痛會讓你完全沒有力量。

曾經試過打玻尿酸，讓關節中間多一點空間，摩擦時才不會那麼疼痛。也試過鞋墊、貼紮和一些其他輔助的方式，但都治標不治本，膝蓋的傷勢已經是不可逆，只能咬牙撐下去。

我有想過要不要開刀，可是開刀只是清除你的碎骨或者是磨損，讓它光滑一點，若我的運動模式沒改，時間到了又會變得不舒服。真正要治本，就要用科學的方式去找出問題，有系統地去調整、去訓練，不能只是頭痛醫頭，腳痛醫腳。

如果你看過我職業生涯後期在打擊區的狀況，就會知道這個傷有多困擾著我。我只要上場，站進打擊區，就是全力揮棒，如果打中球還好，力量釋放在球上，就沒問題。如果揮棒落空，為了避免劇痛，我會順勢跌倒，讓全身的動能可以順勢轉移（別忘了我體重破百）。這樣的防護機制看起來有點滑稽，但卻是我延續職業生涯的關鍵。

到後來我乾脆不練腿部，就靠上半身的力量在打，然後祈禱重心壓低面對變化球時，不要揮棒落空，不然接下來會很痛。

其實我也可以不要全力揮棒，揮棒落空就不會那麼痛了。

可是打擊時一定要盡全力，這是我的堅持。因為心裡很清楚，上場沒有盡全力就是退步的開始，而且會慢慢成習慣。再來就是眼睜睜看著被別人超越，最後就是被淘汰。不只場上全力以赴，下了球場還要學習照顧自己的身體，該做的訓練不能省，如果欺騙自己，矇混過關的話，狀態很快就會直直落。簡單來說，自己就是自己的教練，不用期待別人的看法或評價，這就是自律。自律是職業運動員最基本的條件。

但劈腿就算了，膝蓋實在太不舒服，饒了我吧！

5

心態致勝

刺眼的陽光穿透窗簾的縫隙，照在額頭上。秀萍帶著午餐過來，看她氣喘吁吁又大汗淋漓，「外面超熱的，等電梯的人太多，我走樓梯上來，全身都是汗！」但是我完全感覺不到夏天的溫度，因為病房裡總是冷冰冰的。

在新竹台大醫院住院的日子，應該是發病以來最難熬的一段時間。狀況來得太快，才出院又入院，接著腸胃出血、敗血症，然後每次都在預定出院前兩天，體溫又莫名微燒，找不出原因，我只能等待。每天都昏昏沈沈，什麼都不想做，就連離開病床都覺得吃力，常常困在很負面的想法裡。

「這時候不是應該在家裡調養好身體準備移植嗎？」

「為什麼現在還在這裡？到底還要住多久？」

「怎麼又發燒了？誰來幫幫我啊？」

在病床上崩潰痛哭無數次，我在球場上學習到的冷靜沈著，在這個時刻完全被封印。

我打了快三十年的棒球，超過目前人生的一半時間，不是在球場上，就是在訓練，不然就是在看著球場上的球員轉播比賽。棒球幾乎就是我的全部，不只教會我久病成良醫，還形塑了我的個性和處事方式。

打少棒的時候我畢業才一百六十多公分，跟同儕的小學生比起來不算矮，但是在球隊裡就是矮個子了。後來我才知道，原來大家都覺得我眼神沒有殺氣，而且我剛進去又是年紀最小的，很自然地成為被欺負的對象。前面有說過了，那段黑暗期間深深地影響我的個性。雖然不笑的時候看起來酷酷的、兇兇的，職棒時期又練得粗壯，看起來就不好惹，但我其實並不是情緒很外顯的人，除非是受到欺負或是挑釁，心裡深處那個不想再被欺負的小男孩才會瞬間變身，徹底發洩情緒。

記得後來當房仲時，我常常開車到處跑，遇到有人不遵守交通規則，影響到我時，我就忍不住地下車理論，「現在是怎樣？」回過神來的時候，都覺得自己有點失控。當外顯情緒變成一種反射，就是一個不好的習慣。

在球場上，保持冷靜是球員最基本的功課，不能帶著憤怒上場。練球的時候可以憤怒，可以心有不甘，打網的時候我可以多打幾輪，徹底釋放怒氣，把自己累壞就可以釋懷了。一旦上場，就要保持冷靜，穩定地執行擬定好的策略，當我被對手影響情緒，通常都會是不好的結果。當然，關鍵時刻被三振的時候，我也會回到休息區，找個沒人看到的地方摔頭盔、踢牆壁，或是大吼大叫，釋放完了就結束，回到休息區準備下一次的打擊。

守備方面也是，一定要保持冷靜，不能被失誤影響，要克服比賽時的緊張感。我在少棒的時候，也當過游擊手，就曾經想過這個問題，「這球我平常都接得到啊！為什麼在比賽就接不到？」「應該是緊張吧？」我開始在練習時也進入全神貫注的模式，把練習當比賽，帶進緊張感，久而久之，就可以習慣在壓力下把球處理好。

每當我發生失誤，漏接了一顆應該接得到的球，我不會害怕下一球再打過來，或擔心會不會又發生失誤，反而抱持著一種「你來！下一球最好再打來我這裡，這次我一定接得到」的心態。打過球的人都知道，失誤過後那種懊悔，甚至是有點丟臉的心情，多少會維持幾分鐘，可是如果讓這幾分鐘影響了你的下一球或是那一局的守備，可能就是輸贏的關鍵。

棒球的關鍵不在於身體展現出來的動作、技術，而在於心態。

說到這，我想聊聊一個人。

林智勝年紀比我小，但是他剛進職棒時的心態就讓我很佩服（當年他還叫做林智盛），我從他身上學到很多。他一到球隊就是主力游擊手，也是隊上的中心打者，是野手中扛下最大責任的球員。智勝外表看起來總是一派輕鬆，很外放的球員，曾經在球場上有過火爆的衝突（這部分我就讓大家自己去Google了），球迷應該認為他是個情緒波動很大的人。老實說，他有異與常人的心理素質，而且非常聰明，知道球迷喜歡看這些，就順勢「演」給大家看，反正棒球本來就是一場秀，是一種娛樂。（現在的智勝比較像他真正的自己，就是一個很內斂又很悠遊自得的老將。）

其實場上的智勝總是保持冷靜，在面對投手時，自信而從容地展現實力。比賽前我們常常聊天，他總會說「喇叭，我好緊張，好緊張喔！怎麼辦？」他是真的很緊張，這是好事，因為他很在乎，投入大量的練習和訓練，在上場前一定會有壓力，他把「緊張」講出來，就是一種釋放壓力的方式，就像一種開關，上場前就把它關掉。一踏上球場，就投入在比賽中，好好享受棒球帶來的快樂。

我很欣賞也很羨慕智勝，他能夠享受棒球那種純粹的快樂。當球員能享受那種純粹時，他在場上通常就已經可以隨心所欲地表現了。後來因為球評工作，接觸到更多美國職棒的知識，我現在完全能理解在美國職棒建立小聯盟系統背後的原因，職業球員需要一階一階累積比賽經驗和提升強度，當球員準備好之後（當然也需要運氣），才能接到上大聯盟的那一通電話。不過，能夠上大聯盟跟站穩是兩回事，除非是備受期待的新秀，不然球團和教練給的機會很有限，如果太患得患失，想的都是「如果我打不好就被下放」、「大家都在看我失敗」，或是「如果這是我最後的機會」那也很難拿出正常實力。只有等到學會放下壓力，接受結果的那天，才能好好大展身手，發光發熱。智勝在他職棒生涯的第一年就已經懂得放下壓力，所以能有這樣輝煌的棒球生涯，完全不會令人感到意外。

我跟智勝不只在場上是隊友，是同事，也是私底下相約去吃飯的好朋友，我還是他婚禮的伴郎，兩家人也常常聚在一起烤肉。在打球的期間，智勝的心態幫助我很多，讓我在職棒十六年（二〇〇五年）和十七年（二〇〇六年）打出生涯高峰，那時候我已經完全能夠享受比賽，希望澄清湖棒球場越多球迷越好，我聽到現場球迷為我吶喊，「潘忠韋！全壘打！安打，安打，全壘打！」，搭配專屬的應援曲，那種瞬間腎上腺素飆高的感覺，就像變身成超級賽亞人，和投手丘上的反派來一場你死我活的對決。哇，現在想起來還是手汗直流，太爽了！職棒十七年時，剛好陳金鋒也加入，組成球迷口中的La New熊的「CPBL打線」[5]，有Chen（陳金鋒）、Pan（潘忠韋）、Betts（貝茲）和Lin（林智勝），到現在還有不少球迷遇到我，都還記得這個組合。

那幾年也正好是我擔任球隊隊長的時候。職棒十六年球季中，我接下隊長職務，隊長的工作也沒有什麼白紙黑字工作責任範圍，主要就是凝聚士氣，讓大家團結一心，這是一個球隊能夠贏球的必要條件。一個球隊裡，球員分崩離析，各打各的，是絕對無法拿下好成績的。前面說到我會在休息區幫隊友加油，也鼓勵其他隊友一起，久而久之形成一個好的球隊文化，在潛移默化中形成向心力，從小動作開始，影響整個環境。不只是球員與教練，還有防護員和練習生，大家既然是同事，也在自己的崗位上努力，與其說是為了工作，不如開開心心地把本分做好，還能夠幫助隊友，這就是冠軍隊和其他球隊不同的地方，也是我做為隊長的領導哲學。

棒球也教會我，人生其實沒有時間把自己完全準備好，沒時間難過、沒時間悲傷。

要認清人生其實就是一連串的事件，付出未必會得到好的結果，當面對到低潮或關卡時，我該怎麼面對、怎麼調整和怎麼去回應。打者在打擊區就是被動回應的，即使我做好萬全準備，也有可能單場吞下四次三振。這時候我就會拿出之前準備好的好酒，來慶祝一下「這一天終於來了」，然後喝掉它，把不好的感覺拋在腦後。

低潮有時候一來就是一陣子，你想閃也閃不掉，再厲害的打者也都會遇到低潮，或是因為身體受傷，隨著年齡開始退化，就要開始找方法調整。棒球跟其他職業運動很不一樣，因為球季很長，賽程很密集，在球季中要有大幅度的改動作和調整是很困難的，很有可能會找不到感覺，改了反而更糟，變得不會打球。因此只能微幅調整，大幅調整

5 CPBL 剛好是中華職棒 Chinese Professional Baseball League 的縮寫。

只能在休賽季的時候。

再把時間往回倒退一點。二〇〇四年球季之前，球隊找來日籍教練大田卓司擔任總教練，大田也帶來加藤初擔任投手教練。那是我第一次知道什麼叫做「系統化訓練」，令我大開眼界。以前我們在訓練時，如果覺得哪裡怪怪的，最近表現不好，要做一些調整，往往都是打擊教練在一旁看（如果總教練也是野手背景，可能也會一起看），然後指點一兩個地方改改看，如果有比較順，就OK，如果沒有，那就再試試看其他地方。而大田教練帶來全新的思維，他光打擊就有好幾十種方式，針對不同類型的打者，有一整套系統化調整方式。因為打擊是一個連續的動作，身體許多關節和肌肉相互作用，如果你為了有更好的時間感，改抬腳動作，可能也影響你下半身重心的轉移，腰部和臀部的動力鏈都會被影響，絕對不是只有「改抬腳」這麼簡單而已，牽一髮動全身。

大田教練是外野手出身，在日本職棒生涯有一百七十一支全壘打，他對於打擊動作研究很有一套，他那一本本厚厚的分析資料，深深地影響我後來的訓練觀念。就是在大田教練來了以後，我開始練習高抬腳的打擊動作，這在日本很常見，不但有助於抓擊球時間，也可以幫助重心轉移，提升打擊的爆發力。我很投入在抬腳練習上，很幸運地，訓練也反映在長打成績上。

可惜的是，後來大田教練只待了半個球季就被撤換，由洪一中接手擔任總教練。我記得隔年的春訓第一天，洪總就叫我把抬腳動作改掉，我實在很不甘心，哭了兩天，但也只能乖乖聽話。從少棒以來，教練的話就是聖旨，我不敢違背。

球員跟教練的關係其實很微妙，至少在當時，教練和球員的溝通方式是由上到下單向進行，如果教練覺得這樣做不對，就是不對；如果教練要你往東，你絕對不能往西。可是在經過大田教練的先進系統化訓練之後，我已經無法再走回頭路，開始和球隊教練有些摩擦，當時我也不懂得溝通的技巧，總之就是鬧僵了，現在回想起來，如果我懂得換位思考，站在教練的立場想，我想會有不同的結果。

6 萍水相逢

治療過程，讓我最煎熬、最心疼的，是秀萍與女兒潘暐。

還記得新竹馬偕血液科的醫師在診間曾經提醒我們，接下來的生活將會有巨大的改變。當下沒有太大的感覺，真正經歷才知道，醫師說話很實在。

前期治療在淡水馬偕，確定異體移植之後轉到台大癌醫，距離居住的新竹都有著一個多小時的車程，秀萍常常新竹、台北兩邊跑。

自從潘暐出生以來，沒有一天是爸爸媽媽同時都不在身邊的，我的疾病來得突然，對潘暐的心理與生活也有不小的衝擊，所以我常跟秀萍說，「我這裡沒事，妳趕快回家陪潘暐暐！」，目送秀萍走出病房後，卻迎來空盪盪的寂寞與重重的失落，然後就開始倒數下一次見面的時間，期待打開門的就是秀萍！這樣的心情讓我覺得自己很像總是在等門的狗狗，看到主人就很開心，主人不在就無精打采，每一次都是這樣的循環，沒有例外。

第一次移植之後，轉入一般病房，秀萍帶著潘暐暐到醫院，我們三個人終於又可以一起吃飯、一起看電視、一起面對面聊天說笑，每一秒都覺得好幸福、好踏實，只是到了說再見的時刻也就格外難受。前一秒才笑著說拜拜，下一秒我的眼淚就流出來。

我希望潘暐有媽媽陪伴，也希望秀萍在我身邊。

第一次知道「劉秀萍」的名字，和大多數人一樣，我也是從電視上看到的。那時他還不是體育主播，而是氣象主播。

二〇〇三年兩聯盟合併，我因為原本所屬的是台灣大聯盟高屏雷公隊，和聲寶太陽隊併成一隊，而且因為第一金控冠名，改成第一金剛。當時剛被分配到新球隊，就穿著新球衣去上緯來體育台的新春特別節目，那時跟我一起參加節目的還有同梯的陳致遠、

「恰恰」彭政閔、蔡豐安、鄭昌明和同鄉的「嘟嘟」潘威倫，其他還有誰我也不記得了。那時剛好秀萍是節目主持人之一，這是我們第一次碰面。節目從傍晚六點一路錄到半夜兩、三點，大家看起來都有點疲倦，節目結束後球員和主播合照，秀萍還邀請我和嘟嘟一起合拍鬼臉照，那是我們第一次互動。當時通訊軟體才剛剛開始流行，我們的照片還是用電子郵件傳的。

後來 La New 接手球隊，將主場設立在高雄澄清湖，也有了新的宿舍和設施。緯來體育台安排秀萍南下採訪，她幾乎一個球員都不認識，因為我們之前一起錄節目、一起關在攝影棚裡八個小時，可能就是因為有這個共同的體驗，對我有多一層信任，就把那一次介紹球隊宿舍和設施的工作交給我，由我帶領記者認識新環境。當時我和秀萍就只有工作上會遇到，在採訪前點個頭，簡單聊個兩句，而且她大多都在北部採訪，除非是重大的賽事，體育台才會安排他們南下出差。

雖然我們偶爾會在 MSN 上聯絡，也都僅止於工作上的範圍。當時我們兩個都有交往多年的對象，就也沒有想這麼多。只是她如果有來採訪球隊，都會先問我，了解一下球隊的狀況，可能我說話的方式她比較容易理解吧？

秀萍當時在媒體界已經很受到注目，她的口條、外型和專業都受到肯定，也懂得如何在採訪時引導球員。不過我跟秀萍就僅僅保持工作上的職場關係，也不想因為稍微變得熟一點就改變說話的方式，還是要保持應有的分寸。在台灣打職棒的球員，異性緣都滿不錯的，球員如果想要表達愛意，通常也都很直接，不過我比較閉俗，不會這麼主動。

在二〇〇五年年度的頒獎典禮上，因為多次採訪的緣分，開始比較頻繁地聯繫，如果我到台北比賽，可能就會約吃飯聊天，有比較多的互動，好感一天一天的累積。隨著時間我發現自己不再那麼封閉，跟秀萍總有聊不完的話題。我們從工作聊到生活，天南地北，我發現自己什麼都能放心地與她聊。當時職棒的環境很不好，其實我的情緒也受到影響，因為壓力多了很多白頭髮，很多話不知道該找誰說，還好有秀萍可以跟我聊聊，為我分憂解勞，幫助非常大。

後來秀萍因為離開緯來，加入 ESPN 體育台，偶爾需要派駐在新加坡工作。那段時間前後我們也都結束了上一段感情，成為單身。二〇〇六年中，她到新加坡出差一個月，當時 ESPN 正嘗試用手機直播新聞，秀萍負責早上的新聞時段，壓力很大，我知道她一個人在異鄉，便常常陪她在 MSN 上聊天，分享彼此的近況，不知不覺心中開始有了個很重要的位置。

接著我們便開始了遠距離戀愛，不過一直保持低調，周遭的朋友們都不知道。直到球隊舉辦中秋節球迷活動時，秀萍剛好來採訪，採訪完我就跟教練和隊友介紹：「這是我女朋友。」大家都嚇傻了，不是剛剛才採訪完，怎麼突然劇情超展開？後來球迷也都知道了，我們的戀情也就此曝光。比起自己，其實當時我比較擔心秀萍，害怕她因為我影響了工作。可是秀萍卻一點都不擔心，她一直都是落落大方，反而是我想太多。

那時我們一南一北，如果沒有比賽，我就坐飛機到台北找她（那時還沒有高鐵），如果她有機會來高雄採訪，或是我們到台北打客場比賽，才有機會見面。就這樣過了好幾個月。二〇〇七年球季開打前，秀萍便決定搬到高雄和我一起生活。這是一個很困難的選擇，可是秀萍已經想好了，她想要兩個人一起生活，所以毅然決然地辭掉主播的工作，在正值巔峰時選擇為愛放棄事業。

有一天她在 MSN 上問我，「跟你在一起我覺得很有安全感。潘忠韋，你願意娶我嗎？」

雖然秀萍常常講話無厘頭，但這次她是認真的。我們在之前都經歷過一段交往比較久的感情，或許更清楚怎樣才是適合長久走下去的對象，經歷過這一年多的相知相惜，我相信我們很合適，所以我說好。

回憶起熱鬧的婚宴上，我站在台上卻一句話也說不出來。我看到秀萍在跪別時哭了，感覺到很揪心，怎麼嫁女兒好像是一種離別呢？看到秀萍哭，我也哽咽地完全說不出話。我平常不會因為自己的事情感到特別難過，但是看到別人哭，我的情緒很容易被牽動，瞬間就達到哭點。

這麼多年來，我一直很感謝秀萍，在球員時期她陪我度過低潮，被釋出時她幫我安排到美國散心、學英文，回到台灣之後也是她鼓勵我去試試看房仲業務，走出舒適圈。後來有機會嘗試球評工作，也是透過她在體育媒體界的人脈介紹來的。在癌症治療期間，秀萍更是一肩扛起家務，台北新竹兩頭跑，承受無比巨大的壓力。我常在想，如果她當年沒有離開主播台，現在應該還是一線主播，可是她為了我、為了這個家選擇這樣的生活，我想我永遠都無法回報她所做的犧牲。

謝謝你，秀萍。

7

假球風暴

二〇二〇年十月十二日

本來一個禮拜前是預計出院的日子，但是微燒的體溫還有驟降的白血球數，讓一切都變了樣。

主治醫師下午進來看我，「這一次的移植失敗了，捐贈者的幹細胞沒有發揮作用，經過評估，用哥哥半相合的骨髓進行第二次移植是目前看起來比較理想的選擇。」

幾天以來的疑慮有了答案，但不是我期待的那一個。我明白此時此刻的自己有多麼脆弱，都已經很努力了啊，都已經照著所有的安排執行了啊，為什麼事與願違？這不是我要的啊！

無法消化的無力感，重重給我一擊……

除了童年的黑暗回憶，另一段在我生命中感到無力的時刻，就是二〇〇五年假球案爆發時，中華職棒球員人人自危，隨時都像在上演無間道的那幾年。

在加入職棒之前，時報鷹的「黑鷹事件」以及第一波假球案就已經鬧得沸沸揚揚。當然我在加入前也知道這些事情，但因為沒有直接接觸，所以還是懷抱著希望，希望未來打球的環境沒有這些骯髒事。而且春訓時就有法治教育，告訴球員打假球的代價，應該是沒什麼問題吧？

天不從人願，其實剛開始打球的時候，就能察覺到「怪怪的」氛圍，可是我不是檢察官，也沒有證據，所以就當大家都一樣是清白打球，也不會懷疑你打不好就是放水。像是那時某位主力捕手就常常在廁所偷偷摸摸地講電話，但你問他，他會說是跟家人通電話啊。簽賭案爆發後，那位捕手坦承配合放水被起訴，現在回想起來，他的行為就很可疑。

也遇過以前的教練突然邀約吃宵夜，說要聊聊天，那種我就盡量避免，即使是真的「純聊天」，我也一律不去。剛加入職棒的時候，有次跟隊友出去吃飯，就會有不認識的人出現，隊友說是他的朋友，都叫對方「大哥」或是「會長」之類的，直覺就不太對勁，好像別有用心。剛進職棒時，還有一次一群人約在舞廳，現場黑白兩道都有，我也不想得罪人，只好不講話，悶著頭拼命灌酒，別人問我怎麼了，我一開口就吐，吐得唏哩嘩啦，藉口不舒服先離開現場，三十六計走為上策。

那段時期真的很混亂，毫無秩序可言，你看簽賭案一波又一波就知道問題其實難以根除。這些犯罪集團規劃都很縝密，球員幾乎逃不出手掌心。

而且身為一個球員，要怎麼證明對手或是隊友放水？投手丟不進好球帶就是放水嗎？內野手傳一壘暴傳就是故意的嗎？球評和球迷都看不出來了，檢調單位根本無從判斷，你要拿什麼當做證據？

因為我是一壘手，內野手丟歪我看得出來，傳球的方式和出手點一看就是故意的，畢竟我看了無數次了，觀察得到瞬間的眼神和細節。有些洋將丟地上，一個反彈，我還是接得到，後來他們索性就丟更高，讓我完全接不到。投手如果有什麼不尋常的地方，其實多少也都看得出來，因為小時候有擔任投手和捕手的經驗，知道投手可以怎麼樣照劇本走，如何在不讓觀眾起疑的情況下，讓對方一棒就能夠取得很多分數。像是控球突然失準，一下暴投，卻一下能夠塞紅中，讓打者敲大支的，這樣失分的效率最快。要如何製造這種過程，場上被買通的投手知道，我也知道，但就僅止於懷疑而已，拿不出實際的證據。

但當你開始懷疑的時候，就很難專心打球。棒球場上的七位野手加上投捕手，大家彼此信任，互相幫忙，共同的目標就是要贏球，可是現在卻有人不知道什麼時候會搞鬼。隊友之間的信任感不存在，就算贏球也是感覺怪怪的。

大部分球員在做這些事情的時候，臉部表情其實都還算鎮定，沒有異樣，但有些沒有放水經驗的年輕洋將，一看就很緊張，也分不清楚到底是真的放水，還是因為緊張導致丟不進去好球帶，一直保送對方打者。

或許是小時候經歷了無力改變環境的絕望，當察覺到不對勁時，老實說，我並不想主動跳出來，因為我知道無濟於事，改變不了什麼。至少我把我自己做好，還能保持正常的心態上場打球，繼續該做的工作。我有一條很清楚的底線，就是不要找我，因為你找我，我就知道你是白手套，你真的有參與放水，這樣我就無法再如往常一樣對待你。

當年我的隊友許文雄就是踩到了這條底線。許文雄在國訓隊的時候就是我學弟，也是室友，後來加入了 La New 熊隊，成為我的隊友。

二〇〇六年某一天，許文雄說有一件事很重要，要請我幫忙，單獨跟我約在「藍色狂想」，那是一間在高雄的歌唱酒吧，我們球隊的隊友會去那邊喝點小酒放鬆。那時赴約其實我覺得有點不對勁，因為他已經開口約了好幾次，我都沒有答應，心裡一直期望他只是要跟我借錢。

「也沒什麼重要的，只想要跟你講一件事情啦。」許文雄一開口故作輕鬆，但其實看得出來他很緊張。

「什麼事情？」我說。

「就我們有個大哥，可不可以去跟他認識一下？」

「還好吧，應該不用吧？」

「就有錢大家賺啊！」

許文雄很清楚我的個性，他也不知道該如何說服我，其實他一開口，氣氛就變得尷尬了。

「你知道我不可能做。」我說。

「沒有啦！跟你開玩笑的啦！」

「那就好。你不要讓我看出你在比賽中放水，不然我就跟（球隊）上面說。」

後來真的有一次我看到許文雄在比賽中故意放水，比賽結束後我回到休息室，一氣之下踢飛地上的電風扇，在門上留下一個大洞，全隊都看到我不尋常的暴怒。那天晚上我就請當時的女朋友打電話給許文雄的老婆，直接了當地說我們兩邊不要再來往，交情就到這裡了。

我之所以不直接跟許文雄當面說，因為我怕我會直接揍他。

後來有次許文雄先發，我打全壘打，他想要跟我擊掌，我刻意不理他，就是要劃清界線，而且依舊滿腔怒火。我氣的不只是許文雄而已，氣的是我當時無可奈何，許文雄或許也是被迫，在情勢所逼的情況下才選擇這樣做，我不知道。就憑我一個人的力量，勢單力薄，根本無法處理。如果我舉報了，事件被公開，恐怕有生命危險，我的家人恐怕也不安全。

我很掙扎。

但只掙扎了一分鐘吧，實在忍無可忍。如同公眾所知道的，新聞也有報導，在幾天後我向球團領隊告發許文雄。許文雄向球隊管理階層說他只是在測試我，他不是白手套。雖然我知道可能起不了什麼作用，但我之所以這麼做，是為了證明我是清白，不然以後大家也會說「潘忠韋什麼都沒有做」，甚至懷疑我也是跟他們一夥的。

觀察當時的生態，對於組頭來說，這些其實很好操作。先不問有沒有意願配合放水，反正組頭透過關係接觸，拿錢給球員或是球員的家人，拿到了錢，剩下只有兩條路，配合或是不配合。配合你會打電話，說願意收錢辦事；不配合你也會打電話，要把錢退回去。或是開始依賴對方「大哥」的金援，買車、買房、請吃飯或是其他花費，只要查不到直接的對價關係，就不能咬定真的有放水，「收錢放水」永遠都只能在法律的灰色地帶。

後來我搞清楚了，黑道其實也不會隨便動手，他們要的只是錢。如果我被怎麼樣了，事情一定會鬧大，那他們恐怕也會被警方滅掉，不需要搞成那樣。黑道其實也是一般人，可能是周遭的長輩或是教練，說到底，他們還是有道義的。

二〇〇六年，我的父親收到來自某教練的錢，想要我幫忙配合。父親打給我，我立刻要求他把錢退回去，當天他們就在高雄鳥松的一間加油站解決這件事情。檢察官後來也有訊問起這段事情，慶幸當時及時處理，不然可能也會跟有些隊友一樣，永遠被逐出球界。

可是面對那個時代，我最後還是輸了。向球團舉報之後，許文雄只被球團罰了十萬。如果球團相信我說的是真的，應該要開除他；如果認為許文雄清白，只是向潘忠韋開玩笑，那為何又要罰錢？事實上，球團也無力處理，只能做點暗示性的懲罰，還跟我說放許文雄一條生路。球團的高層曾經指著我們說：「你們這些都是放水的，都是癌細胞！」

當時聽到我簡直快氣死了，把沒有放水的人跟那些害群之馬混為一談。你們都心知肚明而不是殺死真正的癌細胞。甚至很多當面跟我打包票說沒有放水的隊友，最後也被起訴，我已經不知道該相信誰。從一開始無罪推論，到後來我誰也不相信。

更荒謬的是，二〇一〇年前隊友黃俊中影射我跟林智勝有放水，球團當時新上任的領隊要我們開記者會澄清，某種程度上就是讓我們替自己說話。我面對媒體據實以告，也提到舉發許文雄的事情。但新領隊才剛上任，不知道前任領隊是怎麼處置的，記者問總教練，總教練也說，「我忘記了」。

面對這些無法理解的事情，我沒有選擇就此瀟灑離開，我還想打球，只能無力地繼續看著這一切發生，停不下來。

如果現在我可以到平行時空，回到那一年，我想我能做的就是拿下年度最有價值球員，然後在鏡頭前，公開地說：「許文雄找我放水」，或許用這種方式拋出震撼彈，真正地讓這些醜陋、墮落、見不得人的事攤在陽光下，才有被解決的機會吧？

還好後來透過立法建立運彩制度、球團改革還有球員薪資提升之後，加上積極地防範，這樣的事情幾乎在球界杜絕了，現在的球員不用再面對以前那種扭曲的環境。

8

第二人生

二〇一〇年球季（職棒二十一年），那年我的表現下滑，在La New熊出賽只有五十四場，漸漸脫離主力名單。八月中，剛過三十四歲生日沒多久，我就被下放到二軍，轉任教練工作，負責幫助當時在二軍擔任總教練的洪一中訓練新進球員。直到球季結束，我都沒有再回到一軍陣容裡。

十月的秋訓第一天，我依舊準時報到，跟著大家做熱身操，準備開始訓練。球隊管理跑來跟我說，我已經被釋出了。我並不是完全沒有心理準備，在被下放二軍後，就知道離球員生涯終點不遠了，原本以為會轉任球隊教練，結果是直接被釋出，還不是透過總教練或是領隊單獨談話時告知，而是在一個毫無預警的情況下，得知離開球隊的消息。

其實當天早上報紙上就有新聞，智勝老婆還打電話跟秀萍說，「喇叭被釋出了」，所以講起來我可能是最後一個知情的人。隊友看到我來做操可能也覺得莫名其妙。

當下我跟隊友們擁抱道謝，說聲「謝謝照顧」就離開了。換下球衣，打包好行李，我回到車上，想著我接下來要做什麼。

「我還想打球。」

我也向兄弟象球團探詢機會，不過那時我也已經三十四歲了，加上連續幾年都因為傷勢打打停停，兄弟象沒有考慮延攬我。

好吧，那就斷了回球場的路吧！也不要去找教練工作了，先把我想做的事情做一做吧！

我和秀萍很快就決定十二月飛往美國，在當地住一段時間。秀萍的姊姊住在美國東北部麻州內蒂克（Natick），離波士頓大約四十分鐘車程的地方。我住在那邊，然後到附近的學校學英文，學英文原本就是我退休之後最想做的事情之一，正好現在被釋出了，就把握機會搬來美國，一方面轉換心情，也開始有新的目標。

到語言學校的第一天，我拿到入學考卷，幾乎都看不懂。我是一張白紙，英文考卷對我來說也是一張白紙，理所當然只能從最初級開始學。語言學校的老師 Ashley 一句中文都不會說，會講一點點西班牙文，班上的同學有來自中南美洲的、韓國的、日本的，大多是不會說英文，跟我的程度差不多的大人，我也沒有什麼好丟臉的。

Ashley 老師靠著比手畫腳開始教，一週五天、全英文的教學，其實進步滿快的，可以點餐、搭地鐵，甚至跟當地的人聊上一兩句日常問候。每天中午下課我就一個人搭地鐵紫線到波士頓市區，找個觀光景點或是咖啡廳坐著，開始查字典寫功課，複習老師今天上課的內容。

記得有一天坐在波士頓市區的昆西市場（Quincy Market），邊寫功課邊想到自己一個月前還是職業球員，現在居然一個人在這邊寫英文功課，反差之大，想到就忍不住笑出來了。

我很認真學習英文，兩三個月後我就升到中級班了，但是中級班的老師語速非常快，而且毫不留情，他就是要讓大家融入真正的美國生活，當你在酒吧被人開玩笑，還可以知道對方在糗你，你可以回敬一個玩笑，而不是傻傻地因為語速或陌生的俚語而一愣一愣的。可是升級後實在是鴨子聽雷，老師的耐心也快被我磨光，我還記得他接近崩潰說出，「我不行了，我想從窗戶跳下去」這種瘋言瘋語。

中級班學期結束的最後一天，是一個上台簡報的考試。當時秀萍的姐姐、姐夫給我很大的協助，還有一位來自英國的朋友擔任家教，協助我把演講的內容準備好，依照前言、內容和結論，安排完整的架構。當時我的題目是「我們應該每天跟自己對話嗎？」

Should we talk to ourselves everyday? Yes.

要先說結論，這是簡報的技巧之一。我依照事前排演的內容順利地講完了，老師為我鼓掌，看著台下同學的眼神，我知道他們聽得懂，而且有共鳴，那個感覺滿不錯的。很難想像幾個月前，我幾乎連一句英文都不會說。

老師還鼓勵我，如果想留在美國生活，可以去考英文教師資格，來教像我這樣的學生。因為我這樣的人最有資格，從幾乎一張白紙，到可以說英文，活生生就是最好的教材。不過那時我比較想透過當地教會介紹，找看看有沒有社區或是學校的棒球隊需要教練，畢竟棒球才是我吃飯的傢伙。

但是在異地找工作不是容易的事，加上離開台灣五個多月，我也想家了，想念台灣的環境。從來沒有離開台灣這麼久，雖然小時候幾乎都不在家，球季時也都是到處奔波，怎麼樣還是在熟悉的地方。最後，還是按照計畫在半年後結束美國生活、回到台灣。

回來台灣後休息了一陣子，掙扎著要不要投入房仲工作。我始終記得二〇〇七年某天，搭高鐵來新竹比賽，下了車走出站，看到高鐵站附近的景色，好像有什麼感應，我就跟隊友石志偉說：「我之後想要來這邊賣房子！」

就像很多男生喜歡車子一樣，我喜歡研究房子，喜歡房子延伸出去的一切事物。雖然成長過程中，我沒有一直長住在家裡，對於住宿的環境要求也不高，能住、乾淨就好，周遭的親戚朋友也沒有人在做房仲，之前的房子都是跟建設公司買的，對於房仲這個職業完全只能憑空幻想。可是我就特別喜歡看到人因為房子產生想像，想像未來在這裡生活的美好畫面，那種房子給人的安全感和幸福感。如果我的工作可以幫助人去實現幸福，那就更好了。而房仲就是這樣的一種職業。

秀萍鼓勵我，認為我肯拼的個性很適合做房仲，而且我的笑容看起來就很值得信任，很可靠的樣子。二〇一一年的八月，我把車停在竹北美食街上的連鎖房仲門市大門口，鼓起勇氣拿著人生第一張履歷表走了進去。大約半個小時之後，我多了一個新的身份「房屋仲介」。

這次我又是一張白紙，什麼業務經驗都沒有，再次歸零。

剛進到團隊的第一個月，我什麼都不會，就跟著「師傅」身邊學（在房仲業都叫前輩「師傅」），把他每一次面對屋主和客戶的對話筆記下來，觀察他在什麼時機說什麼話、在什麼時間做什麼事情。可是就連做為一個菜鳥，我還是有包袱，常常有客戶認出我，知道我之前是職棒球員，就會好奇怎麼來當房仲，也會跟我聊一些棒球的話題，這倒還好，但當要打電話跟屋主回報時，我就緊張得要死，曾經坐在車上猶豫了半個小時，好不容易鼓起勇氣打電話，卻講得支支吾吾。同店的同事們都沒有這樣的顧忌，跟屋主和客戶談到進度和安排時間時，都可以在店內開擴音直接講，對話也不怕同事們聽到。我只能一個人坐在車上緊張地講電話，很怕丟臉，很怕電話那頭的對方問了一個我不知道該怎麼回答的問題，怕他聽出我沒自信，聽出我的緊張。

最困難的就是「陌生開發」了。要做好陌生開發，了解守備範圍的所有社區，就要先跟社區管理員培養好關係。可是管理員也知道房仲就是為了做生意才來套關係，總是保持戒心，因為如果被住戶觀察到管理員跟房仲很麻吉，可能會懷疑管理員是不是和房仲透露買賣價格（當時還沒有實價登錄）聯手賺一筆之類的。總之，管理員看到新來的房仲，就跟看到討人厭的狗一樣，低頭看他的報紙，看都不看一眼，揮揮手就示意要我快滾開。

這該怎麼辦才好？我要怎麼讓他看我一眼，至少讓我跟他說句話，遞上一張名片，介紹我是誰吧？

「你可以罵我嗎？」我丟出這一句，用變化球對決。

「蛤？你說什麼？」管理員被嚇到了。

「你可以罵我一句嗎？什麼都可以。」

至少管理員看我了，看看是哪來的笨蛋，居然劈頭就要求人罵他。這下我有了自我介紹的機會，可以跟管理員說我是新來的房仲，我留幾本房屋雜誌在這裡，裡面有名片，如果住戶有需要可以索取。

這招滿有用的。我之前直接了當的自我介紹就像速球，根本不是管理員要的球路，我現在換個球路，投其所好，讓管理員發現這顆變化球，至少他會揮棒，我們有了最初步的互動，是一個好的開始。

我也把棒球中的團隊概念放到房仲業務上。進到公司時，有一位年輕女生很有經驗，已經做了好幾年的業務，對於價錢的敏感度很高，而且也很積極，我決定運用球員的經驗，和她組一個團隊，分工合作，各自處理擅長的業務。後來我慢慢從師傅身上學到談判的技巧，加上過去面對比賽大場面的冷靜鎮定，也喜歡挑戰應對各式各樣的人（例如管理員），對於和屋主、客戶談判越來越有心得，所以這部分都交給我處理，而她負責其他後勤業務。後來又加入一位男生，他也是在房仲業界打滾很多年，剛到我們店裡，他對於處理房屋修繕和申請土地、房屋文件很有經驗，也會互相支援，團隊的氣氛很好，我們三個人分工合作談成不少案件，就像一支冠軍隊。

房仲的經驗也讓我體會到，不只有「師傅」是我的老師，我還可以從客戶身上學到東西。因為買房子對於一般人來說都是人生大事，事前都已經做過很多功課，加上竹北這邊很多竹科的工程師來看房，他們對於數字的敏感度，還有做功課的積極度都讓我大開眼界，他們甚至比我還更了解我負責的物件、周遭的環境和價格，每次帶看都是一種學習。記得千萬不要裝會，一旦被戳破，或是被發現不懂裝懂，客戶或是屋主對房仲的信任感就會大幅降低，自然也就很難成交。

這樣的工作對我來說好像是天職一樣，每天可以接觸到形形色色的人，又可以學習新東西、新挑戰，而且每當看到客戶找到合適的物件，幫助客戶完成那種對於新生活的美好想像，真的很有成就感。

房仲工作幫助我學會換位思考，不再只是球員與球隊的奪冠目標，而是要在屋主、客戶還有公司之間創造三贏的局面。懂得從自身以外的角度出發來想事情，培養出多種思考的方式，也對我日後擔任球評非常有幫助。

我每天從早忙到晚，忙進忙出，一天最多要帶看十幾間房，表訂的九點下班時間，就算結束帶看工作，還要留下來處理照片，寫文案，刊登到網站上。加上當時網路看屋平台正起飛，我善用平台的特性，把精心拍攝的照片貼上網，針對族群撰寫文案，因為客戶都已經是篩選過物件才找到我，所以成交的機會相對比較高。而且我專攻小套房，雖然佣金比起大坪數的物件來得少，但是聚沙成塔，一個月也可以成交好幾件，加上我又很拼，常常累了就在公司洗個澡，鐵門拉下來之後就睡在大桌子上，隔天早上起來再繼續工作。

只要我能拼，我就會拼，超過體力負荷也沒關係，睡個覺起來又是全新的一天。我剛從球員身份退下來，體力比起一般人好很多，這是我當房仲的優勢，加上對於業務越來越上手，越來越能掌握談判技巧，一直到我離開房仲業二十個月就成交了四十四筆案件。（剛好是我的背號！）

可是我真的太拚了，最後拚到胃出血，我不得不暫停房仲的工作，必須好好休息一陣子。

9

重回球場

在胃出血之後，我決定暫緩房仲的工作，專心休養。二〇一四年，當時FOX體育台和太平洋聯盟簽下轉播合約，剛好秀萍擔任記者會主持人，我也跟著去，FOX體育台的小玲姐（康小玲）和鄧公（鄧國雄）就問我能不能幫忙轉播美國職棒，我看了看秀萍，秀萍答應，我也就OK。正式開始了我的球評生涯。

其實在剛被釋出時，有想過轉往球評方向去發展，但是覺得自己不夠資格評論球員，那個心中的坎我過不去。在經歷過一年多的房仲業務訓練之後，我開始懂得換位思考。其實房仲跟球評工作很像，在評述時要轉換不同的角色，可能現在從投手與捕手的角度來思考對決策略，接下來換成我比較擅長的打者思維，關鍵時刻又把自己當成休息區的總教練，和觀眾分享可能會下達什麼樣的戰術，房仲面對屋主和客戶也要常常換位思考，並且在經過分析之後，也要給出一個合理的結論。秀萍認為我準備好了，所以又回頭再問我一次要不要考慮往球評發展，現在機會來了。

剛開始加入電視轉播之前，我曾在電台擔任過幾場中華職棒的球評，大概知道做為一個球評需要些什麼。後來徐展元在博斯體育台轉播中華職棒，也有找我去播過幾場，所以接下轉播美國職棒任務時，對於工作已經有基礎的概念。

很幸運地是，我有一個很棒的老師，而且就在家裡。秀萍是體育媒體出身，她大大地幫助了我轉播時的口語表達能力。一開始我在講評時沒有自信，雖然都有講到重點，但是太過客觀地陳述事實，聽起來有些心虛，加上用詞和語氣上聽起來不是很篤定。當主播拋出問題時，我除了回答之外，也沒有自信繼續延伸，補充一些專業的觀點，總之一開始就很保守地講評，很怕犯錯。

因為轉播時，看不到觀眾的反應，唯一的觀眾就是秀萍。秀萍有空的時候都會看我的轉播，不見得都會看完整場，但是她總是能給我一些實質的建議，告訴我哪段可以再講得更清楚一點，講評的時機是不是很恰當……等等。老實說，大概一年左右之後我才開始真正上手。

上手之後，可能是感覺到比較自在了，反而轉播的時候多餘的語助詞會跑出來，「嗯對」、「是啊」、「沒錯」之類的，結果又變得不順暢，像是這樣的小細節，我自己很難發現，都是靠秀萍提醒我，才會察覺到自己不好的習慣。

房仲跟球評有很多共通點，最重要的就是說的東西要讓對方聽得懂，要有說服力。剛開始轉播的時候，也跟當房仲的頭一兩個月一樣，我什麼都不懂，像是一張白紙。那時我每天看曾公的轉播（他就是我的師傅，因為我最喜歡他的轉播），把他在什麼時機點，說過什麼話，都用筆記錄下來，一直抄一直抄，像是「在兩好一壞時，這名投手的滑球使用率會增加」、「接下來一壘的跑者可能會先起跑」，學習曾公在比賽觀察的細節，每一個 play 前中後分別是從哪些方面切入。加上我的球員背景，也能很自然地把打者的想法講出來，透過不斷地看轉播、自己練習，慢慢地內化這些「招式」，當坐在麥克風之前，看著現場的情況和主播拋出的問題，就能無招勝有招，很順暢地把學會的東西融會貫通地使出來。

我一直記得林省言教練說的「做什麼要像什麼」。我在球評工作上一直努力的目標有兩個，第一是要能和不同的主播搭配。在台灣的體育台，通常會有好幾位主播輪替轉播，像是剛剛提到的徐展元，還有 FOX 體育台的「常 sir」常富寧、「魁哥」田鴻魁和陳亞理，還有非常資深的「錢 sir」錢定遠主播……等等，每位主播都有自己的風格和特色，主播的話題我都能接得上，我做的功課資料能夠幫主播補充，就像房仲一樣，屋主和客戶出什麼問題我都能回答，這樣主播對我就會有信任感，我們的搭配就成功一半。剩下的一半就是和主播搭配的默契，在什麼時候該講評，什麼時候該讓主播發揮，好像兩個人在挑恰恰，如果節奏不對，就會踩到對方的腳，在轉播上面就是搶話，整體的流暢度就會被影響。對於看轉播的球迷朋友來說，會是一種干擾。

我跟主播是一個團隊，就跟球員時期一樣，我很在乎團隊的氣氛，希望主播跟我搭配是愉快的，這就是好的團隊合作。好的團隊也要互相幫忙，有時候主播狀況不好，我就要多講一點；有時候我播太多場太累，主播就要多擔待一點。還記得有一次跟錢 sir 搭配，才剛開場我就突然失聲，一句話都講不出來，當下非常尷尬無助，還好錢 sir 也是見過大風大浪的資深主播，一人獨撐大局，完成比賽轉播。

第二個目標是能講出洞見，而不只是說「這球打者打得好」、「投手沒投好」這麼籠統的話，能夠觀察到場上的細節，針對這些地方評述，並且加上自己的觀點。像我比較了解打者，看到打者的站位、前一球揮棒的時間掌握、站姿或是當下對決策略，都能清楚地分析給球迷朋友們。

為了提供更好的內容給球迷朋友，我一直不斷地學習新東西，特別是後來播報美國職棒，大聯盟有三十隊，球員正式名單就有七百多人，一年上上下下可能總共有九百個，更別說大聯盟淵源流長的歷史，永遠都學不完，而且還有最新的話題和趨勢要跟上，光資料就搜集不完。還好有去波士頓語言學校的那一段經驗，我的英文閱讀能力還能應付，雖然慢，但至少能消化英文的資料。另外，可能是個性的關係吧，我容易緊張，所以事前總是要做好充足的準備，不論是當房仲還是做球評，我都花很多時間在做功課，盡可能蒐集足夠的資料，讓自己安心，不要什麼都沒有準備，完全靠臨場發揮，球迷朋友都很專業，聽得出來球評有沒有做功課。

不過這緊張感其實也是一件好事，就算現在我播了上千場比賽，每一場比賽賽前我還是會緊張，直到麥克風打開的那一瞬間，我就進入比賽模式，自然而然投入到現場狀況中，那種從緊張到自在的感覺其實是一種享受，就像林智勝在球員時期告訴我的那樣。

還記得打少棒的時候，我很討厭棒球，開始做球評之後，我愛上了棒球，覺得棒球好好玩，怎麼永遠有新的東西，好多面向可以學習，可以接觸到不同的人事物，充滿變化，帶給我的滿足感是無與倫比的，太有趣了！我甚至想說未來有機會的話，也可以到球團工作，或許從高層的助理開始做起，一步一步地學習球團事務，或許有一天能做球團GM（總經理）！

我開始能夠回答當年高英傑教練那句「你有愛棒球嗎？」

我越做越起勁，總是覺得有地方可以突破，也覺得自己能拼，就像房仲時期那樣的拼勁，我最多一天可以接三場轉播，可能早上播美國職棒，休息一下晚上再接著中華職棒，然後清晨再播美國職棒。因為我住在新竹，往來台北的體育台大樓很花時間，初期還住在台北市的旅館裡，但是實在太花錢，後來乾脆換車，把休旅車的後面改裝，讓我可以睡在車裡過夜。後來常常晚上就到電視台的淋浴間洗澡，把車停在地下室停車場或是河濱，平躺在後座睡上一晚。同事們都說我這樣太拼，可是我自認體力強、頂得住，趁年輕多接一點轉播的案子。球迷朋友喜歡我的轉播，電視台也願意給我機會，不管是學生棒球、美國職棒還是國際賽，我來者不拒。

可是我沒有注意到身體的極限，就這樣拼了五年，身體發出了警告的訊號。

10
日行萬步

二〇二〇年十二月七日

連續兩天沒有拉肚子，看起來腸胃急性排斥的狀況有獲得控制，在田醫師還有專科護理師禹潔的批准下，晚上終於可以吃一點清粥，這一口溫熱的清粥在此時此刻就是人間美味。

「想走路了！」不知道是不是那口粥給了我力量，這個念頭在今晚特別強烈，我請秀萍陪我一起走出病房，推著點滴架繞著五樓病房外的走廊走了一圈，好像還有力氣哦，於是搭電梯到一樓大廳，這是移植之後，第一次走到病房外頭。

待在病房的時間太長，電梯門一打開，好像有個新世界在迎接我。想起一年前剛確診就住進淡水馬偕的隔離病房，閉關將近三個禮拜才踏出病房到其他樓層做檢查，那時候覺得眼前的花花世界好陌生，好像除了我以外，人人都用兩倍速從我身邊經過。

晚上的癌醫大廳很明亮、很安靜，可以舒服的享受走路的時光。我喜歡走路，也懷念堅持了九百多天的一天一萬步。生病前，那是我每天必做的事；生病之後，走路成了一種願望，要看身體狀況才能做的事，就像今天，緩慢地走了大約一千步，雙腿就發出訊號告訴我該休息了。上去病房前，在電梯口遇到病友的親屬，聊了大約五分鐘，我的腳突然抖到幾乎無法站立，趕緊一手靠著秀萍、一手扶著點滴架到旁邊沙發坐下，感覺只差一秒就會跌坐在地上，驚魂未定的看著這雙曾經陪我一天一萬步的雙腿，我得更努力才行！

自從球員身份退下來之後，我還是試著保持一個相對自律的生活，而且房仲和球評工作也需要維持體能，但是工作時程很不固定，房仲隨時要跑客戶，而球評有時早上播美國職棒大聯盟，下午播日本職棒，晚上再播中華職棒，有時候大聯盟還是半夜的比賽，加上需要時間準備功課，球季期間實在沒有充足的時間去運動。

原本想說可以去游泳，但暑假的泳池滿滿都是人，更別說是健身房了，熱門時段可能器材都不夠用，只要有一點不方便，就會給自己藉口不去做。我希望是「事情本身有難度」，但是要「去做」的門檻相對低，門檻低，才能養成習慣。就像跑步，只要穿上鞋子，家裡附近的公園就可以跑了。

跑步雖然方便，而且隨時隨地都可以跑，但是我的膝蓋已經無法再磨耗，不適合長距離跑步。我想了想，每天走路總可以吧？常有人說「日行萬步」對健康有幫助，那就走吧！

「走路」雖然聽起來很簡單，但一天萬步並不是一件非常容易做到的事情，更是一項自律的考驗。

一天之內完成萬步，大概要花上兩個小時，走八公里，需要滿長的時間，所以我必須更有效率地利用時間，工作前後如果沒有足夠時間走路的話，我也會改成原地踏步。像是棒球比賽攻守交換時，有兩分鐘的休息時間，中華職棒五局打完還有五分鐘的整理場地時間，我就可以踏步，或是走路去上廁所，都可以累積步數。還有搭飛機出國的時候，我怕步數可能會不夠，就在飛機走道上來回走，只要有空間可以踏步、可以走動，我都會把握時間，為的就是達成每天走一萬步的目標。

古人說：「不積跬步，無以致千里。」我想，也可以套用在我日行萬步的精神上吧？能夠完成自己設定的目標，達成跟自己的「約定」，讓我在心理上有所滿足，每天都有一小部分是自己可以控制的，可以主動去完成的事情，感覺自己是一個「有用的人」。

我在二〇一六年十月開始了一項任務：每天完成萬步後，打卡上傳到臉書（Facebook），公開讓大家監督，也是給自己的一個鼓勵。就好像球隊連勝一樣，只要一開始就不想中斷，靠著這樣公開的方式給自己壓力，不僅有挑戰性，也有立即的成就感，因為大家監督也會養成習慣，久而久之，就變成一個朋友圈的話題。想到喇叭，就想到「日行萬步」。

跟跑步不一樣，跑步有人可以想事情，有人聽音樂，也有人跑到很喘，心中只剩下繼續跑的念頭，但走路速度比較慢，可以讓自己的腦袋放鬆，就好像按摩之於肌肉一樣，原本因為播球而高速運轉的腦袋，可以在走路時逐漸地慢下來，讓緊繃的狀態獲得舒緩。這樣放鬆的過程，有時還會迸出靈感、茅塞頓開。對我來說走路不只是維持生理體能，也是一種調整思緒、產生不同想法的心理儀式。

而且現在的手機都有拍照功能，我帶著手機出門走路，看到有趣的畫面或是天空的美景，也會順手拍下來。到外地出差轉播或是旅遊時，透過走路來認識當地，看到哪裡有趣就往哪裡走，隨興所至，不只達成運動的效果還有自律的目標，同時還滿足了冒險的新鮮感。有的時候朋友和網友看到我日行萬步打卡配的照片，會在下面留言，不管是當地有什麼好吃好玩的，或是照片的構圖、主題或是色彩很有趣，都可以透過打卡貼文來和我互動，滿有趣的。有一個球迷幾乎每天都會在我的打卡照片下留言，他總是能說出一些相關的事情，像是「今天的光線很美」、「構圖很有巧思啊」之類的話，而不是只有問好，我實在是很佩服他。

你知道男生的友情就是這樣子，不見得會常常關心對方，但是如果你給對方一個機會，就像是每天萬步的貼文，朋友就有機會留言關心，其實也是一種人際關係的維持。對於我的爸媽，每天都有貼文也像是一種報平安，知道我身體健康，還可以出去走路，給他們一種安心感。這樣想想，我的日行萬步貼文，其實也就是一種「長輩圖」嘛！

你看，「日行萬步」有這麼多好處，一起來試試看吧！

11

陌生訊號

即使大聯盟還有中職的賽季結束了，我在休賽季期間還是有球評的工作，很幸運有電視台提供這些機會，我也想在還能拼的時候多拼一點。你知道運動員的體力，可不是練假的，再加上房仲業務的磨練，一天二十四小時每一分每一秒都要好好把握。球季期間，曾經最緊繃到一天播三場，看似不可能，其實也是做得到的。曾公常常語重心長地跟我說「別累壞了」，但我年輕而且又剛開始做球評，不拼一點怎麼追得上呢？

二〇一九年十一月，我接下愛爾達體育台世界棒球十二強錦標賽球評的工作。可能是經過一個球季的操勞，到賽季尾聲，免疫力已經有點下降，出現一些類似感冒的症狀：微燒、疲倦、胃口有點不好，看了兩次醫生，打了針、吃個退燒藥後就都沒事了，雖然時好時壞，但不至於影響球評工作。

某一天中午，剛播完早上的十二強美洲區預賽賽事，FOX 體育台的製作人小石和攝影彥均為了專題企劃來訪問，訪問完一起去吃牛肉麵。說也奇怪，原本愛吃的牛肉麵，卻一口都吃不下，一點食慾都沒有。那段期間因為播美洲區的預賽賽事，從午夜開始播，播到凌晨三點，在電視台旁邊的旅館睡一下，起床又開始播早上的比賽。

「怎麼感覺好不一樣喔！」起床時就覺得怪怪的。可能是沒睡好吧？

我還開玩笑跟小石和彥均說：「欸，今天感覺好像三魂七魄跑掉一半！」中午以前要播球又要受訪，行程塞得很滿，我又是那種事前要做很多功課，不然不放心的個性，在長時間工作又緊繃的情況下，可能就是體力超負荷、有點疲累吧。

吃完牛肉麵，正好經過一家電器行，上面寫著「大喇叭修理」。我心想：「哈哈，也未免太巧合了！」不過我這個「大喇叭」應該還沒需要到修理的地步，好好休息幾天應該就沒事了。

結果真的沒什麼事。播完十二強賽事後，休息個幾天，身體又回到正常了。十二月又繼續球評的工作，到台中轉播亞洲冬季棒球聯盟的比賽，還有穿插徐生明盃少棒賽的短期轉播工作。中間幾天又有點發燒，想著可能又感冒了，因為秀萍也感冒，不知道是誰傳染給誰。以過去的經驗，小感冒撐一下，看醫生，打個退燒針，又是一條活龍，可以繼續工作。

不過背部開始有一些奇怪的感覺，偶爾會像是放電的刺痛，這是我從來沒有接收過的身體訊號。好像地球人第一次接受外星人的訊號一樣，總之就是很陌生，不是肌肉拉傷，也不是被觸身球打到微血管破裂。我以為很了解自己的身體，也仔細聆聽，但這次真的不知道身體要跟我說些什麼。

在轉播冬盟的某一天中午，習慣在比賽之前去買杯咖啡，「哎呦，怎麼有個動作特別痠痛啊！」想說是不是昨天練習新的前彎伸展動作，做得不夠正確，才會這樣不舒服。不過隨著越來越接近比賽開打，原本的痠，開始慢慢變成痛。

我忍著痛。每個半局一播完，就躺在地上，痛到發抖，抖到廣告時間結束，再坐回椅子上，忍著播完下個半局，就這樣把比賽播完。那天搭檔的愛爾達體育台主播魏楚育應該很傻眼，他問我要不要叫救護車，但我還是故作堅強地拒絕，那一天還撐完了兩場比賽。比賽結束後我去買了止痛藥，吞了一顆後睡覺休息，隔天起來也就沒什麼事，好像昨天的痛楚只是一場短暫的惡夢。

「喇叭哥你OK了喔？」楚育隔天在斗六看到我沒事的樣子，大概也覺得昨天可能只是「突發狀況」吧？後來幾天身體也就沒出現這樣的訊號，又恢復正常的生活。

直到十二月三日，那天我和愛爾達體育台的吳昇府主播搭配，一樣是一天播兩場，但是第一場才播到一半，就知道不妙了。

「我應該不行了。」我有氣無力地跟昇府說。這次雖然沒有痛到在地上發抖，也沒有發燒，但我的背一直接受到陌生的訊號，從腰椎像是放電一樣，時不時地刺激著神經。而且從之前的發燒、莫名疼痛，還有肩膀上有奇怪的瘀青，種種症狀累積下來，已經到了臨界點。以前不管是當職棒球員、房仲還是球評，其實多多少少都有些身體上的不舒服或是疲勞，大部分靠著腎上腺素都可以撐過去，至少當下不會有劇烈不舒服的感覺，這次我很清楚，身體一定出了問題。

於是我緊急連絡「大胖」鄭景益，他也是愛爾達體育台長期配合的球評，麻煩他明天開始來台中代班。從擔任球評工作開始，我沒有請過假，業界的同行也多少知道，所以大胖接到電話時也很意外。我跟他說接下來的冬盟賽事都得交給他。

「胖哥，我真的不行了……」

其實我完全不知道接下來要面對什麼樣的挑戰。只是當下有個直覺，或許再也不會回來球場播球了。我拿起手機，在轉播室拍下台中洲際棒球場的夕陽。

晚上回到新竹，秀萍知道我接下來的轉播場次都請假了，這不是平常的我會做的決定，而且從來沒有看我體溫反覆燒燒退退幾乎一個月的時間，可能不是感冒那麼簡單。很快地就決定隔天一早就去醫院看感染科，抽血檢查看看到底是哪裡出了問題。原本我們打算去新竹的國泰醫院，但是剛好隔天沒有感染科門診，查了一下，新竹馬偕醫院正好有前國泰醫院感染科主任曾政尹醫師的門診，想說就去看吧，也很順利地完成掛號手續。

隔天一早送女兒上學後，我坐在家裡的階梯上，秀萍發現我肩膀上的瘀青更明顯，範圍也大了些。

「可能是背包太重了吧？」不疑有他，完全沒有別的聯想。

來到光復路上的馬偕醫院，停好車，走到醫院大門口短短幾十公尺的路，對日行萬步的我來說應該有如小菜一碟，但現在才沒走幾步已經氣喘如牛。我跟秀萍說走慢一點，「我跟不上。好喘！」我上氣不接下氣。

到醫院進到門診，先去抽了血。等報告來的時候，曾政尹醫師看到我的嘴唇發白、氣色很差，目測大概是肝臟出了問題，他也有看棒球，知道我是誰。醫師拿到報告，眉頭一皺，很擔心地說：「潘先生，你的報告看起來很有可能就是血癌！我建議你趕快轉診到血液科，我幫你看現在血液科還能不能掛號，你趕快過去！」

「剛剛醫生到底說了什麼？」「血癌?!不會吧……」

於是帶著滿頭問號和惶惶不安的心情，移到血液科門診門口等，等著血液科的醫師告訴我到底是怎麼回事。

等待的那一個小時，我和秀萍沒有交談，眼神也不敢有交集，只是一直望著診間的螢幕，希望看診號碼跳得跟心跳一樣快，希望快一點得到答案。

終於輪到我了。打開診療室的門，我跟秀萍才剛坐下。

「潘先生，你這個很緊急喔！這個報告顯示應該就是急性白血病（俗稱血癌）。」醫師很鎮定地說。「我建議你馬上坐救護車到淡水馬偕醫院，那邊有隔離病房。」

我聽到要馬上去淡水，第一時間想到女兒下課會沒有人接她，當下就直接脫口而出：「我能不能先去接女兒，然後我們自己開車上去？」

醫師可能有點嚇到，怎麼會有人這樣回答。因為我當時的狀況已經是非常危急，白血球數量爆增，但是健康、有用的卻是〇！就連紅血球也非常少（所以才會喘，因為紅血球不夠，無法攜帶氧氣），還有缺乏血小板（才有莫名的瘀青出現），簡單來說就是抵抗力非常差，只要一點點病毒細菌入侵，我的身體完全沒有軍隊可以打仗，很有可能因為感染而有生命危險，甚至在幾個小時內就會從人生遊戲登出。

醫師之所以強烈建議要去淡水馬偕醫院，是因為那邊才有隔離病房可以住，而新竹馬偕只有一般病房，在一般病房比較容易受到環境感染，在我幾乎沒有任何健康白血球的情況下，晚一秒進隔離病房，就等於增加一秒感染風險，而我卻想要先去接女兒下課，還自己開車北上？瘋了嗎？

我知道醫師是認真的。因為受傷、復健常常跑醫院，看過各式各樣的醫師和護理師，從他的眼神，看得出來他是真心地建議。當然醫師也不能勉強病人，他尊重我，畢竟這是自己的命運自己決定。而且，我也放不下女兒。

機靈的秀萍也趕快聯絡她的姊姊，交代一些家裡的事情，也打電話給學校，幫女兒請假。我們離開醫院，準備去學校接女兒。

一關上車門，秀萍就崩潰了。「**為什麼不是我**？」她大哭。「**是不是哪裡搞錯了**？**一定是血液檢查哪裡搞錯了**！**一定是**！」

12 不能輸的比賽

「爸爸現在生了一個蠻嚴重的病，是跟血液相關的疾病。然後呢，我需要住進到一個跟外界隔離的移植病房。醫生會醫治我。我不知道接下來會怎麼樣，可是會好好面對。這可能會讓你的生活上有很巨大的轉變。」我不知道女兒是不是真的知道什麼是急性白血病，也可能不知道這有多嚴重。雖然我說話的時候不停顫抖，眼淚也不聽使喚，但我沒有崩潰。

「不要緊啦，這就是人生。」我很理性地向電話另一頭的父母報告這個消息，跟他們說明現在的情況，明天醫師要開會，如果可以的話，可以一起來了解。我想，透過醫師的口中講出病因和症狀，應該可以讓兩老比較安心吧？

「要笑喔！」在掛上電話之前我試著讓氣氛輕鬆一點，不想讓他們這麼擔心焦慮。他們聽我的話就笑了。「對對對！就是這樣！這樣我才會放心。記得早點休息喔！」

接下來傳訊息給工作上的同事、朋友們，希望他們在第一時間知道這個消息。用平靜的語氣告訴他們，我會勇敢面對，不要為我擔心。

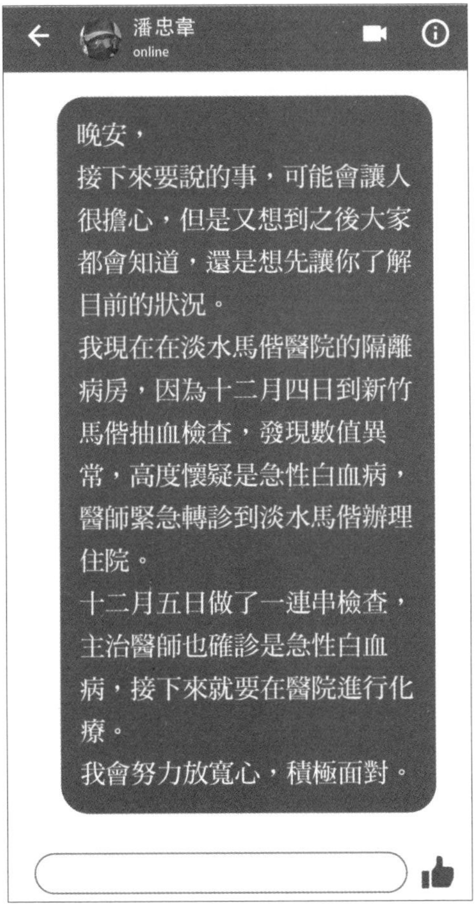
潘忠韋
online
晚安，
接下來要說的事，可能會讓人很擔心，但是又想到之後大家都會知道，還是想先讓你了解目前的狀況。
我現在在淡水馬偕醫院的隔離病房，因為十二月四日到新竹馬偕抽血檢查，發現數值異常，高度懷疑是急性白血病，醫師緊急轉診到淡水馬偕辦理住院。
十二月五日做了一連串檢查，主治醫師也確診是急性白血病，接下來就要在醫院進行化療。
我會努力放寬心，積極面對。

聽到醫師宣判急性白血病的那一刻，我其實沒有什麼情緒反應，沒有感到絕望，或是懷疑是不是醫師搞錯了。我知道我會有情緒，但已經如同反射地把它放在一邊，先冷靜下來解決眼前的問題，不讓它影響我，等會再來處理它。不管是小時候被學長欺負，還是被球隊釋出，都是這樣來應對，久而久之變成我處理事情的一種 SOP、一種習慣。

這樣的習慣很重要，特別是讓自己專注在賽前的準備上，比賽越重要，我就越專注、越投入，不管生活中有什麼煩心的事情，只要進入到備戰狀態，就只有一個目標：把自己準備好。

這種備戰的心情，讓我想起一九九八年曼谷亞運。

那一年在四強賽之前，中華隊在三隊分組循環賽只拿到一勝三敗的成績，對南韓兩場都敗，雖然曾經打贏過日本隊一場（也輸了一場），但是到了四強賽我們再度遇到日本，以八比九的比數一分之差落敗，只能和中國隊打季軍戰。

那是第一次有中華職棒球員參加中華隊，台灣球迷對我們的期待很高，陣中有陳金鋒、張泰山、鄭昌明……等等許多年輕好手，和大賽經驗豐富的前輩們，像是王光輝、黃忠義和曾智偵，加上是當時台體的總教練高英傑帶隊，我也很幸運地被選進代表隊，雖然在眾多前輩中，我只是個國訓隊的小咖，但一樣承受著台灣球迷的高度期待。現在回想起來，那時的壓力真的很大，如果玩笑話來說，就是「沒拿獎盃就拿墓碑」的那種壓力，好像輸球就是犯罪，就會被判死刑。

對中華隊而言，就是一場「不能輸的比賽」。

從小到大，打了這麼多年的棒球，我知道一旦抱持「不能輸」的心態上場比賽，打起來的感覺就會很不一樣，會很不自然，沒有辦法用平常心面對，很難正常發揮。因為我從小到大沒有這樣的經驗，從來沒有「不能輸的比賽」，第一次在亞運的大賽舞台體會這樣的感覺，既期待又怕受傷害。

對我來說，迎戰病魔這個對手，就是一場「不能輸的比賽」。

到了淡水馬偕，主治醫師張育成馬上和我們開會討論現在的病況。對，你沒看錯，就是跟旅美球員張育成同名同姓，這麼巧！或許棒球之神冥冥之中有所安排吧？希望張育成也能多分給我一點 power！

我得的是「急性淋巴性白血病」（Acute Lymphoblastic Leukemia，縮寫成 ALL），基因中的「費城染色體」（Philadelphia chromosome）出現病變，導致無法產出健康的白血球，但因為已經發生病變，身體越來越虛弱，血液已經沒有健康的白血球可以抵抗細菌和病毒，免疫系統就像是一座沒有守軍的空城，毫無抵抗力。

主治醫師根據我的年齡、體重、身體狀況還有血液報告的數據，擬定出一份作戰計畫，就像我們打國際賽前會有的情蒐報告一樣，在不同的階段採取不同的治療方式，一步一步地執行療程。不管是當球員還是球評，我都很喜歡做功課，很喜歡發問，喜歡蒐集資料，主治醫師提供完整而且清楚的療程規劃以及各種配套措施，令人很放心。我也沒有想過採取其他方式，就直接決定在淡水馬偕進行治療，隔天立刻進行骨髓穿刺。

骨髓穿刺就是在背部腸骨脊椎的地方，抽取骨髓液，來檢查骨髓目前的造血功能，這是檢驗病況最直接的方式。還記得第一次做骨髓穿刺我痛得哇哇叫，雖然有打麻醉，但那也只是皮膚表層而已，十五公分的長針插進腰椎，又痛又痠，只能咬牙忍住。不過後來隨著病程發展，常常需要做血液檢查，穿刺對我來說已經是家常便飯，跟其他痛苦比起來只能說是輕微的。

首先要面對的是「誘導性化學治療」（又稱緩解性治療），是這場車輪戰的第一任投手，它的任務是要控制癌細胞的數量。

我在投手對面的打擊區，等待它出招。只不過我不是站在球場，手中也沒有球棒，而是躺在隔離病房的床上，手上插著針頭。

急性白血病的化療是採用注射的方式，將藥劑注射到靜脈，我也因為需要長期注射藥物，所以在左胸上裝了人工血管。一開始注射類固醇以及化療藥物文克斯汀注射液（Vincristine Sulfate），主要用來抑制癌細胞生長。一次療程大概打個幾分鐘，然後一週才打一次，想想其實還算滿輕鬆的。前期還沒打化療時每次打完類固醇感覺很亢奮，體力特別好，還開玩笑地跟秀萍說：「我今天狀況感覺很好，好到可以打兩支全壘打！」

當然，我在球員時沒有打過類固醇來提昇表現，不過經過第一階段化療之後，如果現在問我打類固醇是什麼感覺，我可以用自身的經驗回答。想像著有一天回到轉播台的話，就可以好好地跟球迷分享類固醇的效果。這可不是每個球評都有的經驗。

然後接著開始打化療文克斯汀，化療的副作用在注射進去後的幾天還不會出現，大概過七天左右會慢慢浮現，會有味覺改變、噁心、睡不著的情況出現，因為它不只攻擊芽細胞（不成熟的白血球），也會攻擊身體裡面其他的細胞。而且不只身體感覺到不舒服，還會影響內分泌系統，當藥效開始發作時，可能早上心情還很好，下午睡一覺醒來就變得非常憂鬱，世界瞬間從彩色變成黑白。當我察覺自己心情落差原來這麼大，才第一次真正了解到化療的威力，不只是身體上的不舒服，連思緒也會受到影響。

而之前的那些「放電」感覺，其實就是造血系統不斷生成「芽細胞」這樣不成熟的白血球時，所帶來的副作用。因為健康的白血球一直不夠，所以身體自然會大量地產生白血球。這時不時就「來電」一下，還是很不好受的。

照著既定的療程規劃，不到一個月的時間，第一任投手就退場休息。根據血液檢查報告的癌細胞指數是負五，只要是負五就是最好的結果，表示癌細胞的數量已經很少。我挺過了為期四週的第一階段化療，可以出院回家休息，繼續服用標靶藥物，兩週後再進行第二次的化療。

潘忠韋

2020年1月15日

終於回家了！

這四十二天的點點滴滴，都歷歷在目。疾病來得措手不及，沒有時間追究到底為什麼，也還來不及搞清楚到底怎麼回事，一連串的檢查、治療每天都在進行，同時也接收到超多超出理解範圍的專有名詞，每天的身體狀況跟著血球高高低低，心情也跟著數字上上下下，就這麼一天一天過了四十二天。

這個過程並不容易，但是我滿懷感恩，要特別感謝淡水馬偕幹細胞移植中心的每位醫護人員，他們不只專業提供所有關於疾病的資訊，在用藥以及治療方面也十分謹慎小心，讓我的身體一步一步朝著好的方向前進。除此之外，專科護理師還有護理人員每天進進出出病房好幾次，在繁瑣、忙碌的工作當中，還能細心又有耐心的聽我說、說給我聽，讓我覺得很平安、很平靜、很溫暖。

還要感謝的就是家人，在確定生病的當下，家人們都動了起來，給我最直接最有力的支持與幫助，讓我可以安心在隔離病房裡專心處理身體狀況。

當然也要感謝所有朋友們的關心和鼓勵，這段期間真的感受到很多的愛，我銘記在心，也讓每一句加油發揮最大的作用。

第一階段順利過關，年後要繼續進入第二階段的治療，接下來一步一步走，一關一關過，我會加油，謝謝你們！

Like　Comment　Share

對抗急性白血病只有標靶藥物和移植兩種方式，標靶藥物能夠抑制病況，但長久下來仍是治標不治本，如果想要根治的話，移植是最有效的做法，如果不做移植的話，在幾年內因病過世的機率就滿高的。一般來說，急性白血病透過移植大約有六成的機會可以根治，算是很高的治癒率。高治癒率的代價就是高強度治療過程中所引發的不適。

因為我的費城染色體出現問題，導致淋巴系統產生大量不正常的白血球，因此被判定是急性淋巴性白血病。簡單來說，我不能再用有問題的幹細胞來進行自體移植修復，只能靠異體移植。而異體移植需要配對者，在台灣，慈濟醫院擁有最大的幹細胞資料庫，在龐大的資料庫中，大約有三分之二的機率，可以找到 90% 或 100% 相合的異體移植配對者。

在淡水馬偕時，主治醫師就已經將我的人類白血球抗原（HLA）[6]交給慈濟，尋求

6　人類白血球抗原（英語：human leukocyte antigen，縮寫為 HLA）。在進行移植手術時人類白血球抗原決定組織相容性。貢獻者和接受者的人類白血球抗原越相似，排斥反應就越小。

配對者。很幸運地，有一位是高達90%相合，而且他目前身體健康，也願意捐贈幹細胞。排定好捐贈與移植的時間之後，就是一連串的「鞏固性化學性治療」（簡稱鞏固性化療），顧名思義，鞏固性化療就是鞏固現在相對好的狀態，持續地給藥，讓癌細胞數量繼續減少，為了未來的異體骨髓移植做準備。

二〇二〇年一月三十日，大年初六開工日，第二階段化療也在這天正式開始。這次住院進行鞏固性化療。第二任投手擁有兩種武器，分別是益伯偉（Ebewe）和賽德薩（Cytosar）[7]。

化療雖然能打擊癌細胞，但同時也讓我的身體非常虛弱，在免疫系統抵抗力極低的情況下，只要環境或是身體裡有一些不好的細菌、黴菌或病毒，就可能被感染。而我這次化療是住在淡水馬偕的一般病房，而不是隔離病房，其實變數很多，風險可說是無所不在。能做的就是不停的消毒，只要在碰任何東西之前，都先噴酒精或是消毒液，盡可能做到安全措施。洗澡也是特別要注意的地方，因為身上的皮膚、毛髮和任何可能殘留細菌、黴菌或病毒的地方，都要徹底清洗乾淨，讓周遭「看不見的敵人」越少越好。

棒球選手都知道，無論準備再多，總是有不足的地方，就算信心十足、狀況到達巔峰，非常了解對手，好的打者十次也就是三次掌握好，其他的七次不是差一點就是出局。更何況病魔這個對手我從來沒見過，只能把功課做足，剩下就看臨場表現。

這時候投手冷不防來了一記變化球。

一個平凡的週日，中午吃了午餐之後開始發燒，吃了退燒藥只有短暫退燒，不到一

7 益伯偉（Ebewe）和賽德薩（Cytosar）皆為以靜脈注射之藥物，用於破壞癌細胞生長。

個小時身體又劇烈發抖、心跳加速，體溫從三十八度一路飆升超過四十一度，就這麼燒退抖燒、全身大汗好幾回合，直到半夜打了抗生素之後，體溫上升的速度比較慢，身體比較不抖了，但是沒想到血壓開始一路往下掉。

半夜我迷迷糊糊地醒來，毫無意識地下床，秀萍問我要幹嘛，我回答「要上廁所」，完全不管身上有多少條點滴，一股腦往廁所方向踉蹌走去，秀萍一個箭步衝過來推著點滴架、扶著我，我還真的是去上廁所的，只不過是尿在洗手檯上……

這些過程我完全沒印象，猶如斷片一般，都是事後聽秀萍轉述才曉得，當時的我因為血壓太低，接近昏迷，只知道半個小時後又醒來，看到滿臉驚恐的秀萍，跟她說「我剛剛睡了很舒服的一覺呢！」

血壓持續低迷，傍晚加護病房的醫師說這是因為細菌感染導致敗血症，情況很危急，如果血壓依舊拉不起來，就必須轉移到加護病房觀察。說也奇怪，醫師走出病房沒多久，我的血壓就奇蹟似地回升，原來不想進加護病房的意念這麼強烈?!

從身體發炎、高燒到休克是一個很可怕的經驗。應該說，事後回想很可怕，因為當下幾乎沒有意識，只剩下求生的意志，我想那就是一種瀕死的感覺。回想起來，那一刻其實已經感覺不到痛苦了，痛苦發生是在高燒的時候，身體僅存的微弱抵抗力正在和病菌戰鬥，打一場消耗戰，當戰場什麼殘軍都不剩的時候，反而有一刻解脫，沒有力氣，血壓越來越低，最後就失去意識，然後昏迷。

還好有主治醫師和專科護理師，援軍們及時接管了戰場，透過抗生素和升血壓的藥物，把我拉回來。雖然急救並不像在開刀房那樣全副武裝，每一個動作，每一個指令都像在戰場指揮，彷彿只要手一抖就會致命。但敗血性休克急救也是一場驚心動魄，與時間拔河的戰爭。

如果再也沒有醒來，比賽就提前結束了。

面對緊急突發狀況，其實對血液科的主治醫師來說是家常便飯，就像中繼投手接手壘上有人的情況一樣，必須要冷靜地一步一步化解危機。

血液疾病的患者因為免疫力低下，在環境中或是身體上只要一點點細菌、黴菌或是病毒感染，病情很快就會急轉直下，醫師馬上要做應對處置。而且每次用藥都需要時間觀察，通常是一週。如果是細菌或是病毒感染，還可以透過培養的方式，找到引發感染的菌種，對症下藥，但如果運氣不好，是黴菌感染，通常黴菌量不多，還很難培養，無法直接有效地對症下藥，只能用綜合性的藥方，反覆觀察病況有沒有明顯改善，就像在做實驗一樣，而且花的時間很長，發現找錯方向又要重來，常常一週兩週就這樣浪費掉了。做為血液科的醫生不只要有面對各種變化球的本事，還要特別有耐心。

打藥的過程中痛苦又漫長，化療已經把我的身體摧殘到毫無抵抗力，又加上感染引發的高燒不退，根本沒有辦法好好休息。

除此之外，連我最愛的美食也得完全放棄。我的粘膜系統就是因為在化療時受到嚴重的攻擊，腸胃出現一點病菌就感染，所以在臥床期間只能打點滴補充營養。清醒的時候，可以看手機上的美食影片打發時間，望梅止渴一下，幻想著康復之後的美食巡禮。

原本一月底開始的第二次化療，預計到二月下旬結束就可以出院，結果因為連續三次預定出院日都發燒，一延就延到三月下旬才出院。

潘忠韋

2020年3月21日

出院了！

從一月二十八日入院，到今天三月二十一日拎著行李踏出醫院，回頭看這五十四天，「噢，太刺激了！」。

猝不及防的經歷一次敗血性休克，自覺睡得最好的時刻，竟是最危險的狀態。因為化療讓血球低到零，但長血球的過程又狂野到幾天幾夜無法入睡。好不容易狀況穩定，但是連續三次都在醫師說可以出院的當天又發燒，這感覺就像是怎麼都打不完的延長賽……

不只需要強壯的身體，還需要用上從一歲到四十四歲累積的意志力，把從棒球場到房仲業再到轉播台的人生歷練，全拿來對付一個又一個的關卡，終究是跨過這一關，可以大步走出醫院。

但並不是頭也不回，因為我的背後有淡水馬偕移植病房所有醫護人員的照護和鼓勵，對他們，有著萬分的感謝和敬意，就算真的說了一萬次感謝，我還是願意多說一次，謝謝，謝謝！

一個人在隔離病房裡的日子，其實不算寂寞，每天透過視訊看到我愛的人、聽到他們的聲音，每天都有來自家人朋友的禱告與打氣，給我很多力量。過程中，看到球員教練特別錄製的影片，心情很激動，後來得知很多人因為影片願意伸出雙手建立資料庫，更是受到好大的鼓舞，有種「原來在病床上也可以幫助人」的喜悅，對於跟我一樣等待骨髓移植的病友來說，都是希望無窮。

接下來也必須懷抱希望面對治療與移植，我知道這個特別的賽季還沒結束，短暫休息之後又要拉高強度，要繼續感謝我的身體、我的家人好友、以及看顧著我的上帝，老話一句：我會努力！

Like　　Comment　　Share

緊接著第三次化療，這次因為決定採用異體移植幹細胞，相合度沒有全合（90%），風險比較大，後續的療程以及移植都改到台大癌醫中心醫院。好在這名第二任中繼投手放我一馬，沒有其他意外，進行完兩週的療程後就出院回家休養了。

這段期間我住在台北公館的台大癌醫五樓一般單人病房，窗戶面向東北方，還可以看到台北101，算是「觀景房」。因為大樓才啟用沒有多久，並沒有太多病人住院，因此這裡非常安靜。病房走廊燈光明亮，沒有住院樓層的抑鬱感覺。如果只看走廊和大廳照片的話，可能會以為是哪一間五星級旅館或是科技總部。不過再好的旅館還是旅館，更何況癌醫不是旅館，如果能出院回家，我當然想回家睡自己的床。

車輪戰來到後半段，接下來第四次化療之後，主治醫師評估一切順利的話，就可以進行異體骨髓移植的前置作業了。而且第四次化療時間比較短，只需要五天，因為我身體裡的癌細胞狀況已經受到控制，病況慢慢穩定，這次就不需要這麼長的療程。

13

谷底重生

在化療的這段期間，因為感染產生的病痛還可以透過藥物控制，發高燒抖個不停時，護理師可以打嗎啡或是類固醇舒緩；因為不舒服而無法入眠時，還有「睡覺針」（鎮定劑）可以幫忙。可是面對心理上的苦痛、焦慮和鬱悶，就只能靠自己。

躺在床上的我常常在思考，究竟是小時候那段精神上的磨難比較痛苦，還是現在對抗病魔比較難受？

經歷過小時候那段黑暗，我學習到我無法改變環境，就只能承受然後轉念，試著用正面的方式思考。像是球隊教練操體能，要一直跑步，我當時很不喜歡跑步，但也不可能跟教練要求說「我不要跑步」。於是我開始找方法，學著說服自己「練這些就是要讓體能變好」。球隊在早上練球的時候跑，我還自己「加班」，晚上也去跑，至少這是我能主動去做的，把體能練到很好，也打下未來能夠應付長時間工作的基礎。

當然，「轉念」並不是與生俱來的技能，轉念是透過不斷練習才能學會的。我在化療期間曾經無法承受病痛，在病床上徹底崩潰。那對我來說是一種宣洩、一種釋放，釋放過後，一切歸零，才能重新面對下一次的挑戰。不過，我的精神沒有崩潰，我沒有放棄。在主治醫師和專科護理師沒有宣布之前，我都不會放棄。

依照計畫，台大癌醫血液科主治醫師「田神」規劃在我的第四次鞏固治療結束之後，就可以準備進行移植。這次是短化療，預計五天就可以出院。

「田神」的本名是田豐銘，不過在醫院裡只有我會叫他「田神」，其他人都叫他「田杯」（田伯的台語發音）。我在轉來台大醫院之前，上網搜尋田醫師的名字（賽前準備工作的職業病），發現他是當年建中的榜首，後來考進台大醫學系，高中同學對他的在校成績很欽佩，都稱呼他「田神」。第一次見面時，觀察他的眼神和說話方式，就確定田醫師跟我是一隊的，頻率很合。我完全信任他。

化療接下來的第三任中繼投手，它有兩種球路：賽德薩和沒見過的新藥盈壽求得

（Methotrexate）。結果打藥下去之後，產生強烈的副作用，引發我的腎臟衰竭。主治醫師緊急把目標改為穩住腎臟狀況，避免腎臟惡化。

病魔這記變化球出其不意，我再度揮棒落空，失去力量，跌坐在打擊區。

這次化療讓我的腸胃系統變得脆弱，住院期間得再一次禁食，而且一禁就是兩個多星期，其實當下吃與不吃都難受，吃了腹痛想吐，不吃又飢餓難耐，後來我找到一個方法，靠著美食節目來「意象訓練」，看著電視裡的美食也得到滿足。

當醫生宣布解除禁食，可以吃點流質食物減少腸胃負擔，我馬上想到醫院樓下便利商店賣的排骨酥湯，想說很安全，湯又有封膜，要喝之前也經過微波加熱，應該沒什麼問題吧？

喝了一口發現味道怎麼怪怪的，是不是喝不夠多？還是因為化療影響了味蕾？再喝一口確認一下。「哎呀，怎麼這麼難喝。好想吐。」下一秒就衝到病房廁所趴在馬桶上吐。不過幸好沒有引發其他感染，只是味道不好喝而已。

真的好久沒有吃到食物了。等到病況比較穩定，有一天特別想吃最近美食筆記上的豬腳飯，鼓起勇氣問專科護理師我能不能請假，一個人坐計程車出院去木柵的傳統市場買，也幫護理師團隊買一些回來當午餐。護理師說好，要我自己注意衛生安全就可以。我記得坐在計程車上，看著窗外的景色，好像小孩子溜出來冒險，有種探索未知的刺激感。

到了市場攤位，看到香噴噴的豬腳、滷肉和滷蛋，終於不是透過螢幕看到食物了，也不是秀萍手上只能看不能吃的便當。這次終於可以小小滿足一下口腹之慾了。買回來之後，護理師都說豬腳飯很好吃，但是我才吃了一口而已，覺得好酸好臭，忍不住罵了髒話。自己又忍不住笑了出來，覺得好傻。興沖沖地跑出去，結果買回來根本也吃不下，因為化療的關係影響了味覺。豬腳飯相見不如懷念，美食也都變得不美味了。

總算等到六月四日這天順利出院，原本五天的療程，延長變成二十五天。第四次鞏固治療結束，終於可以回到新竹的家，好好休息，養好體力，保持心情穩定，準備接下來的移植。

人算不如天算。我還沒踏進打擊區，又來一記變化球。

出院當天晚上，我開始高燒不退，燒到攝氏四十度，吞了退燒藥也沒什麼效果，到了清晨五點溫度還是沒有降下來。我知道大事不妙了，狀況非常緊急。我搖醒身旁的秀萍，跟她說我現在就去新竹台大醫院掛急診，早上送小孩上學就麻煩她。

到了醫院急診室，掛號之後，抽了血，護理師先幫我打了抗生素，我躺在病床上，等待急診室醫師來檢查。急診室診間的病床是用簾子圍起來的，我看不到外面，外面的護理師也看不到我，只能靠儀器監控狀況。如果我瞬間不醒人事，可能就直接下課了。

而且大概是因為化療期間長期服用抗生素，身體產生抗藥性的關係，溫度還是降不下來，全身發燙，而且不由自主地劇烈發抖。

床架搖晃著，我感覺到生命一分一秒在流逝。

「絕對不能昏過去！」

我無助地開始哭，任由情緒發洩，至少這樣我能夠保持一點清醒。我拿起手機，拍下眼前看到的影像，被布簾包圍住的我，好像被困在某個被遺棄的貨櫃裡，眼淚流個不停。「不是剛出院嗎？才不到二十四小時，怎麼又躺在急診室了？」這種反差的痛苦感，就好像被卡車輾過。

為了抓住僅存意識，我唯一能做的是把情緒拉起來，絕對不能放鬆！要哭也好，要負面想法也好，就是不能昏過去。我甚至在腦中已經把遺書寫好了。如果能撐到秀萍來的時候，只剩最後一口氣，我至少還能說些什麼。

好在急診室護理師每過一段時間就會來關心，注意我的狀況。她拉開簾子，看到我不停流淚。她親切地問說：「還好嗎？」因為驗血報告也還沒出來，現在唯一能做的就是等，如果醫師確定狀況嚴重的話，就要緊急安排住院。

「那有什麼需要我幫忙嗎？」護理師說。

「嗯，好像還好。」我回答。

至少有人來關心，我得到了安慰，擦擦眼淚，又可以多撐一下子。

急診室旁邊正好在施工，平常聽敲打的聲音就令人心情煩躁，在這個時候更讓人無比難受。旁邊工地咚咚咚，我一邊拿著尿壺抖抖抖，尿流進尿壺一滴一滴咚咚咚。

早上九點，秀萍來了。我可以放心了。如果我真的撐不住，昏了過去，還有秀萍可以立刻請護理師和醫師來急救。

「喇叭！」急診醫師過沒多久也出現了，聽到他叫我的綽號，令人特別安心。「我是魁哥在合唱團的學弟吳焘宇醫師，這次狀況來勢洶洶啊！」

「我們會安排你住院，同時也會跟台大癌醫那邊聯絡。」這次因為感染引發敗血症，狀況危急，他建議我們留在新竹台大醫院先住院觀察，暫時不要直接上台北到台大癌醫，醫師立刻為我辦理住院手續。

秀萍從我口袋拿出健保卡的時候，卡片還是燙的。

那天下午進到病房就開始血便了，又要開始禁食，然後接下來又是一連串不停的檢查。在新竹台大醫院的一般病房又不像台大癌醫的單人病房舒適方便，這段住院期間特別辛苦。後來檢查出來是身體裡的細菌感染（並沒有辦法確定是哪一種細菌），再次引發敗血病。

我根本跟不上病魔的節奏，被它拖著走。

這次又住了二十五天才出院。為了爭取時間，主治醫師馬上安排台大癌醫隔離病房，準備進行移植。

才剛進隔離病房我就嘔吐了，整個迴廊都聽得到我嘔吐的聲音。對於護理師來說，住院第一天通常是最警戒的，因為病人改變環境，很容易出現緊張或是病況不穩定的情形。醫師檢查之後說應該不是心因性緊張，一聽到醫師這樣說，我心想：「完了，怎麼又來了！」

不知道這次病魔又要拿出什麼武器球對付我？

過沒多久果然開始高燒，又出現感染。這段期間給藥治療，需要打一種俗稱「抖抖針」的抗黴菌藥，顧名思義就是打下去會一直抖，護理師說一般人大概只會抖一次，第二針就不會有感覺，就好像初次見面雙方還不熟，身體會害羞到發抖，一回生、二回熟之後就會變成好朋友。但是，顯然我跟抖抖針是有緣無份，每打一次就抖一次，一抖就是好幾天。抖到所剩無幾的肌肉都會痛，抖到全身能量都消耗殆盡了。每天就是在沒有力氣的情況下，虛弱地接受治療，日復一日，而且看不到出院的那一天。看著窗外，彷彿永遠都是灰濛濛的陰雨天。

我根本無力招架這顆快速球啊。呼！呼！呼！兇猛地塞進到捕手手套裡。我在打擊區只能被動接招。

可是我一點也不喜歡被動。還記得我小時候主動洗大家的碗嗎？我就是「不喜歡被動地等別人告訴我怎麼做」，在病床上，我要主動出擊，扮演「一個好病人」。所以每次主治醫師或是護理師來講解療程、分析身體狀況還有給藥計畫時，我都主動地多了解，不管是給藥的目的、副作用還是頻率、劑量，我都會盡可能地了解，就像我被釋出後，轉行當房仲、做球評一樣，就是不停地做功課，醫師沒有提到的，我也會上網查，然後再請教醫師。

「田神」告訴我，血液科的相關藥物日新月異，新的藥物能夠幫助醫師更有效地對症下藥，控制住感染或是化療的副作用。在網路上查到病友的病程和用藥分享，有些可能已經過時，隨著療程和藥物科技的進步，醫師給藥上也會有新的規劃，積極地去了解這方面的資訊，也讓我對於病程的發展更清楚，知道接下來病魔可能會怎麼對付我，而主治醫師和專科護理師就是我的隊友，他們全心全意地幫助我對抗病魔。

我不會把壓力丟給隊友，不會問「我到底什麼時候可以出院？」這種讓醫師和護理師備感壓力的問題，我知道他們是跟我同隊的，隊友就要互相幫助，而不是彼此為難。秉持這樣的想法，醫師、護理師和我慢慢地建立出信任感和流程，醫病關係才會有好的循環。

在血液科給藥治療的過程，通常都要一週左右的時間來觀察，才會知道給藥有沒有效果，主治醫師和病人都很需要耐心。在經過三、四次的標靶藥物治療之後，「田神」抓到了難纏的隱球菌（屬於黴菌類），我們好不容易才鬆了一口氣。

從原本第四次鞏固治療結束，到這次治療隱球菌感染出院，又過了五十天，原定的移植日期只能往後延。出院後接下來這段期間就在家裡休養生息，準備迎接重生日。

二〇二〇年九月七日，距離我在中華職棒生涯第一支再見全壘打剛好十五年。這天我住進台大癌醫的移植病房。希望這次我站上打擊區，能夠一棒跟病魔說再見。進到移植病房後，開始進行五天的重化療，清除骨髓中的幹細胞，才能讓「新房客」有空間進駐。主治醫師同時加入兔子血清，有目的性地削弱身體裡的免疫系統、減少淋巴球的生成，讓新的幹細胞進來，降低身體排斥的情況。

二〇二〇年九月十五日是移植日，是血液科醫師和專科護理師口中的「Day 0」，也是「第二個生日」。移植的過程跟大多數人想像的可能不同，因為並不是移植器官，需要麻醉與開刀，而是就像輸血一樣，一包血袋大概 100cc，通常在半小時內就可以完成。整個移植過程就像電腦升級作業系統一樣，安靜地進行一項重大更新。

看起來好像很輕鬆，空氣裡又瀰漫著玉米濃湯的味道（抗凍劑的味道），一點也不像生死交關的氣氛。但其實我很緊張，因為成敗就在這一包血袋，就像只有一球的機會就要擊出安打。

我之前就知道移植接下來的後座力很強大，會有排斥的情況，還是需要主治醫師和專科護理師持續追蹤。奇怪的是，這段期間沒有發生什麼明顯的排斥，秀萍還試圖幫我找身上有沒有出現紅疹，有排斥是好現象，代表新來的幹細胞有在運作，新舊系統有磨合是很正常的，如果風平浪靜，就表示新來的幹細胞可能沒有效果，或是被趕走。不過好在過了兩週，我的血球數照著一般移植的時程表有明顯提升，表示新來的幹細胞已經進到骨髓，開始工作，可以慢慢取代原來的造血系統。

雖然說看起來很順利，可是在等待長血球的期間，還是因為大腸桿菌又出現一次敗血性休克，這是抗癌以來的第二次，雖然又跌了一跤，但有了第一次的經驗，這次休克的經驗似乎就比較沒那麼可怕，至少在高燒時我可以有準備，知道身體要開始抖了。有點像是開過一段危險的路，第二次走雖然還是很危險，但知道哪些路段可能要提高警覺，知道整個過程有哪些環節要面對，心理上不會像第一次那麼慌張。不過說起來也是很悲哀，連敗血症都已經習慣了，實在不是什麼好事情。

過完國慶假期，我就可以出院了，血球指數看起來恢復正常，大概長到三千到四千左右，是一個好現象，可以轉到一般病房等出院。

就在預定出院前一晚，微燒的體溫好像預告有大事要發生。抽血發現血球往下掉，打了兩三天高劑量的生長激素也無用，眼看血球一天比一天低，離回家的路好像越來越遠。早班的護理師一如往常推著工作車進來病房，「今天沒辦法出院喔。」護理師很鎮定地說。「田神」檢查我的骨髓，幾乎是空的，新來的幹細胞都死掉了。

「潘先生，看起來幹細胞是沒有成功地種上去。我們要緊急地安排你哥哥來抽骨髓。」

這是移植過後的第二十七天。

14

第三個生日

「田神，愛你唷！」在主治醫師離開病房前，我突然冒出這一句。

自從新竹馬偕的醫師宣布我罹患急性白血病之後，這場「不能輸的比賽」已經打了九個月，所有的努力為的就是移植成功，如今期待落空了，只剩下無力感。「我已經很努力了，為什麼還是這種結果？」

五樓的病房窗戶外，是灰濛濛的陰雨天，台北 101 聳立在遠處，在潮濕的空氣中若有似無。

我拿起手機，拍下眼前的畫面。然後放任自己崩潰，大哭一場。

「田神」說，我們會立刻找我哥來健康檢查，如果沒有問題的話，就會抽哥哥的骨髓以及週邊血幹細胞來進行異體移植，雖然只有半相合，但總得一試。原本配對者的幹細胞還有備份，剩下一些，主治醫師認為既然已經移植失敗，表示我的血液中可能對於配對者有排斥的反應，再試一次的成功機率太低，而且要馬上進行移植，越快越好，因為移植前的重化療讓我已經毫無抵抗力，每多等待一天，死亡的風險就提高兩個百分點。一個月後幾乎沒有活命的可能。

我邊想邊原地踏步。至少這是我能做的。如果可以的話，到死前一刻我都還要踏步。

在病房裡感受不到時間，加上我又因為各種感染與排斥反應，幾乎沒有一晚睡好，常常都是在半睡半醒之間。唯一的時間感，是清晨護理師來抽血、換藥袋，是中午前專科護理師每日一次的檢查身體，或是主治醫師巡房觀察狀況。住院住久了，還可以從進來病房的護理師分辨現在大概是幾點鐘。

我一直秉持「做一個好病人」的理念，扮演好自己的角色，除了主動了解療程、藥物相關知識，也希望護理師們每次進來都能是輕鬆的，不要帶給他們壓力，有的時候我還會講講冷笑話，逗他們開心，他們笑了，我也開心。護理工作已經夠高壓了，我希望自己能夠幫助他們。久而久之，護理師們也喜歡跟我聊天，其中台大癌醫血液科的專科護理師禹潔還是一位棒球迷，她有空的時候我們會聊聊棒球，後來她也跟秀萍變成好姐妹，我想這種醫病關係是很好的，不管療程最後結果如何，這些是我能做到的，把醫師和護理師當成隊友，我們一起打這場比賽。比賽看來已經接近尾聲，我感謝隊友的努力，才會說出那句「愛你唷！」

贏或輸，結果已經不是那麼重要了。

我本來很怕死，但現在我覺得我可以接受死亡。如果接下來又發生感染，昏了過去，我可能就會下課，永遠醒不過來。我可以接受。因為現在的處境已經超過我的想像，移植失敗的機率大概不到 2%，整個醫院一年可能就一到兩位病患移植失敗。熬過前面的化療、感染和敗血症，最後移植失敗，如果連 98% 以上的機率都不站在我這邊，或許我真的不該抱持希望。

接受死亡並不是放棄，而是我接受死亡是最壞的結果，就像輸掉比賽一樣，如果我抱持「不能輸」的心態，我沒有辦法用平常心上場比賽，甚至對輸球的結果感到恐懼。現在對於死亡，我就是抱持著平常心。如果對手真的太強大，我被打敗了，也是可以接受的。我可以決定面對病魔的心態，但是病況不在我的控制範圍。

當我可以接受死亡，就開始預想之後的事情，留下來的財產應該可以讓秀萍和女兒不用煩惱生活，幻想女兒長大之後會變成怎樣，而我的父母和親戚朋友們想到我，應該也都是想起開心的回憶，我想這樣就夠了。

我還在原地踏步。窗外的烏雲漸漸散去，遠方開始出現彩虹。

有時候我會很瘋狂地想「其實這樣的人生經驗也很難得」，能有機會體驗這樣的痛苦，我應該要尊敬它，這樣的想法有時候真的有效，可以幫我抽離痛苦的當下，好像一個旁觀者在看躺在病床上發抖的潘忠韋，然後思緒瞬間被痛苦拉回，「他媽的！這根本不是什麼很好的體驗，根本就不爽！」

我沒有問哥哥來捐骨髓時的體驗如何，我想應該也不太好受吧！要住院、要麻醉做骨髓穿刺，不只抽出血液，還要抽出骨髓液。因為哥哥和我的骨髓只有半相合（因為父母染色體各一半，有 25% 機率全合，有 50% 的機率半合），可以預期排斥的反應會更強烈，因此多抽出一些骨髓液之後輸入，可以減輕移植後的排斥。

在第二次移植之前，還是要再做一次重化療。有了第一次移植失敗的經驗，這次的化療要清得更徹底，把身體裡所有可能反抗的免疫軍隊都清乾淨，讓白血球幾乎歸零，讓哥哥的幹細胞能夠順利進駐。化療再不舒服，說真的也已經習慣了，經歷過三次敗血症和兩次昏迷，能挺過來活著的病患，應該沒有幾個比我更慘了。

二〇二〇年十月二十八日，第二次 Day 0，是我第三個生日。（有多少人能有三個生日呢？）

這次輸血的過程比第一次長，需要分三天才完成，第一天輸入骨髓，第二天和第三天輸的是週邊血幹細胞。我盯著哥哥的血流進我的身體內，腦中浮現小時候追著他跑的回憶。

此時此刻，我也需要他帶著我一起往前走。

我跟哥哥潘忠勳其實很少見面，他比我大三歲，我進到球隊沒多久他就畢業了，他國小就到復興國小唸書，而我是後來才加入球隊，也因為差三歲的關係，在青少棒時期沒有同隊的機會，後來他到台南唸國中和高中，我都一直留在屏東，然後念大學也不同隊，就一直到職業時期，加入台灣大聯盟的時間也是一前一後，能夠相聚的時間都是逢年過節。雖然不常見面，但我們成長背景相同，都是一路打球上來，還是有很多話聊，感情很好。

我從來沒想過有一天身體裡流著哥哥的血。（應該沒有人會想過吧？）

或許是我跟哥哥的感情很強烈吧，移植當天就很有感覺！之後連續高燒兩個星期，醫師說這是「植入症候群」的典型反應。那段期間，整個身體都熱呼呼的，像個大型暖暖包，體溫動不動就衝破攝氏四十一度。反覆高燒真的很消磨體力和意志力，常常眼睛一閉就睡著，就算醒著也無法聚焦。

人在痛苦時特別會胡思亂想，我一邊祈求快點退燒、一邊等待血球快點長上來，但前一次不好的經驗也在心裡形成一股恐懼，身體、心理都很煎熬，時間過得無比漫長。

好不容易撐過植入症候群，終於等到血球上升，但是舒服沒幾天，就出現強烈的排斥反應。哥哥的幹細胞和我身體的免疫系統對抗，皮膚開始脫皮、出現大量皮屑，原本就很脆弱的腸胃系統更是慘烈，我幾乎天天都拉肚子，即便吃了止瀉藥、已經禁食了還是一直拉。還好專科護理師禹潔很快就察覺到不對勁，立刻判斷不是腸胃炎，而是嚴重的排斥反應，也立刻調高類固醇劑量。如果一開始判斷錯誤，只用止瀉的方式來處理的話，很可能就會耽誤控制病情的時機，導致瞬間惡化。

因此我們開始每天記錄拉出來的排泄物重量，因為拉出來的都是粘膜或是液體，而不是糞便。排泄物的重量是用來觀察排斥情況的重要指標，主治醫師和專科護理師會根據我排泄的狀況來決定抗排斥藥物劑量。最嚴重的時候，我幾乎一天都坐在便座上，虛弱無比。

粘膜是排斥反應中最容易出現問題的系統。像是我的嘴唇、腸胃和肛門，都有粘膜破裂，原本用來第一層阻擋病菌的粘膜系統被破壞，加上免疫系統在化療時就已經將戰力壓到最低，如果運氣不好，沒有清潔乾淨，病菌一旦入侵，很快就會感染，然後在短時間內死亡。

當腸胃系統的排斥反應稍微控制住之後，再來還要密切關注糞便的狀況，如果變硬，可能會在比較脆弱的肛門粘膜造成感染，很多小細節都要注意，洗澡也要特別認真洗，不讓病菌有任何機會。這些都是我的守備範圍，我一定要做到，不能漏接、不能失誤。

病魔有時候也會控球不穩，直接往我身上招呼觸身球。

第二次移植因為服用抗黴菌藥物，出現骨膜發炎的副作用，就像全身每一處都被觸身球砸到，疼痛無比，如果疼痛指數最高是十分的話，這個應該有十一分或是十二分，比之前任何一次疼痛都還要更不舒服。主治醫師和專科護理師都說這樣的副作用很罕見，在我身上就是出現了。我連 2% 不到的移植失敗機率都達到了，沒有什麼是真的「罕見」了。

每天早上，我都對著鏡子說：「哥哥，今天我們一起面對挑戰喔！」

腹瀉、全身紅疹、神經疼痛和各種藥物副作用輪流上場對付我，比起之前化療、敗血症還更痛苦，難怪醫師說很多人頂得過移植，但過不了急性排斥這關，這些症狀來得又快又急，病魔派出的牛棚投手一個比一個還猛。

沒關係，我已經可以接受揮棒落空或是被三振了，來吧！我沒在怕的！還有什麼可以拓展我忍受範圍的，都一起來吧！

就這樣撐過了兩個月的排斥期，我在二〇二〇年十二月二十四日平安夜出院了。出院前，我把點滴架上的棒球送給了護理師，那是我在二〇一七年去美國跟「Vamos Sports 翊起運動」團隊採訪春訓時的紀念品。它一直提醒著我，我要回到球場，要再回到轉播台，為球迷朋友播一場比賽。

潘忠韋
2020年12月24日

過去這一〇九天，你們好嗎？

我從九月七日入院，經歷兩次骨髓移植，終於在十二月二十四日平安夜這天踏出醫院了。

從病房回到家這段路程，每走一步，腦中就跳出一段畫面，是過去這三個多月的片段，是又哭又笑的日常，是崩潰、平靜的交錯，是病痛與意志力的戰鬥，也是無論如何都不想放棄的一場人生國際大賽。

九月初，準備好心情跟身體進了移植病房。五天化療加上兔子血清，接受捐贈者與我高達十分之九相合的骨髓幹細胞，護理師說這一天是Day+0、是「重生日」，是人生的第二個生日！我滿懷感恩，等待健康的幹細胞在身體裡運作。在移植後第九天，血球還來不及往上長，細菌搶先一步找上門，跟之前在淡水馬偕的狀況很類似，持續超過四十一度的高燒，恍惚中看見病房裡一下湧進好多人，護理師們拿點滴、推機器，腳步聲和儀器聲沒有中斷，但卻逐漸消失……再次醒來才知道，剛剛又一次失去意識，又是來勢洶洶的敗血性休克。

十月初，白血球達到安全值，從移植病房轉入一般病房。一直以為踩著正確步伐朝著回家的目標前進，就在出院前一晚，微燒的體溫打亂所有節奏，隔天驟降的血球數更朝心頭重重一擊。「到底發生什麼事啊？」這個問題在移植後第二十七天有了明確的答案：移植失敗。

我的主治醫師田豐銘醫師很努力的解釋病況，我止不住的眼淚讓眼前的一切都像極了電視上會出現的場景。

十月底，進行第二度骨髓移植。這次是從我的哥哥身上收集骨髓以及周邊血幹細胞，因為是半相合，必須分二至三天透過輸血的方式送進身體裡，我完全可以感受到哥哥強大的信念，因為使命必達的骨髓幹細胞讓我整天都在高燒！好像連續三天參加二十四小時鐵人三項一般，熱血沸騰但是體力耗盡，身上每個肌肉都在微微顫動，彷彿是哥哥給的暗號，告訴我「嘿，忠韋，我來了！」

十一月底，活躍的血球讓我再次步出移植病房，也敢把「回家」的念頭拿出來。但是，突如其來的排斥狀況，讓我再度崩潰。全身皮膚起紅疹之後嚴重脫皮，隨時都可以沿著滿地皮屑找到我，真的是體無完膚！嘴唇也是破得一蹋糊塗，連自己看了都觸目驚心。皮膚狀況才剛好轉，腸胃排斥又接力登場，整天都在腹痛腹瀉的循環，為了不讓黏膜破損下去，又領到一張禁食令。

其實身體的疼痛、飢餓我都可以忍受，但是不受控制的排斥狀況，真正引爆內心深層的恐懼跟害怕。崩潰了好幾天，動不動就流淚，突然想起就像之前打球的時候，越是緊繃越要讓自己有空間放鬆，釋放壓力之後再義無反顧往前衝！

十二月中，田醫師和專科護理師一天一天調整用藥，排斥狀況趨向穩定。脫了一層皮，逐步恢復進食，也盡力達成每日活動量，等待抽血報告成了一天當中最緊張的時刻，血球一不對勁，馬上就想找出原因，日子過得戰戰兢兢，就連出院前一晚還是很忐忑，「真的可以回家了嗎？」

十二月二十四日平安夜，終於平安回家了！

我的移植時間軸裡，有好多眼淚與故事。過去這一百多個日子，我和主治醫師田豐銘一個禮拜見五天，我口中心中的「田神」是很強大的存在，在血球很低的時候 ，他說「每過一天就越接近血球長上來的日子了！」他的話總是有安定心情的力量。常常對他表達我的愛意，他總是害羞收下但也沒忘記從口袋掏出愛心回應。謝謝他的醫治還有每個決定，「愛你唷！」會一直放在心裡。

兩次移植過程，台大癌醫中心血液腫瘤科的護理師以及專科護理師們給我最大的協助，不只是細緻的照顧，還有源源不絕的溫暖鼓勵，是他們，讓冰冷的地方有了溫度，讓愁苦的臉上多了笑容，建立革命情感的友誼，我永遠都珍惜！

要珍惜的，還有每個訊息每句加油，不管是什麼時刻，在高燒恍惚中、在虛弱無力、淚流滿面時，或是在我努力振作的當下，「喇叭要加油哦！」「喇叭我們都在！」「一定會好的！」，每一天都有來自朋友的問候，得到很多的愛與關懷，我的每個謝謝也是一樣的真心誠意。

感謝上帝讓我們全家領受滿滿恩典，這一路都有神美妙的安排，讓我在苦難中保持耐心、盼望，看見雨後的彩虹，時刻與我們同在。我愛的家人們辛苦了，陪我渡過一關又一關，我在病床上想著你們，一心一意朝著有你們的方向前進，也是你們讓我從來沒有放棄。

最後，我想感謝我自己。面對每次挑戰，都以為已經做好準備，但真正對戰又發現原來對手那麼強大，必須想辦法提升能力解決它。每天我都跟自己的身體對話，謝謝他這麼努力。二次移植後，我每天都跟哥哥的骨髓幹細胞說話，感覺很像兩個人一起並肩作戰、一起闖關打怪，謝謝他永遠陪伴著我。

走出病房算是跨過一個關卡，接下來還是要如履薄冰，我都笑說是過著自主管理、不食人間煙火的生活，重獲新生也要好好新生！

Like　Comment　Share

15

鴉片戰爭

其實出院的心情是很忐忑不安的，之前已經有好多次原本預定要出院，在前一刻出現突發狀況而延後的經驗，就連這次出院也是晚了一個多月才順利地辦完離院手續。

出院時第一個想法，就是終於可以和女兒好好地面對面說話了。第二次移植之後，女兒來探病過幾次，可是都是我「面目全非」的時候，一方面因為排斥而全身掉皮屑，嘴唇破得亂七八糟，又因為時不時拉肚子，常常必須穿著紙尿布……

另外身體也特別虛弱，總之就是讓女兒看到我狀態很差的時候。住院的期間，只能透過視訊每天和女兒分享心情，秀萍也會寫日記和她分享，有時候她聊今天在學校的情況，講著講著她就哭了起來，一看到她哭，我也很難受，往往也跟著流下眼淚，兩個人就隔著螢幕哭泣，想起來也真的很心酸。有的時候，秀萍來醫院照顧我，女兒就由家人照顧。這段時間她過得很辛苦，我也感覺到她一天一天長大了，變得更成熟。

當我躺在病床上，想到以前在家的時候，我們全家三個人都在同一張大床睡覺，我

這張全家福，是確診第二天趁著做檢查前
那一分鐘的空檔趕忙拍下的。

在移植病房時期還好有秀萍相伴

移到一般病房後終於看到潘暐暐了

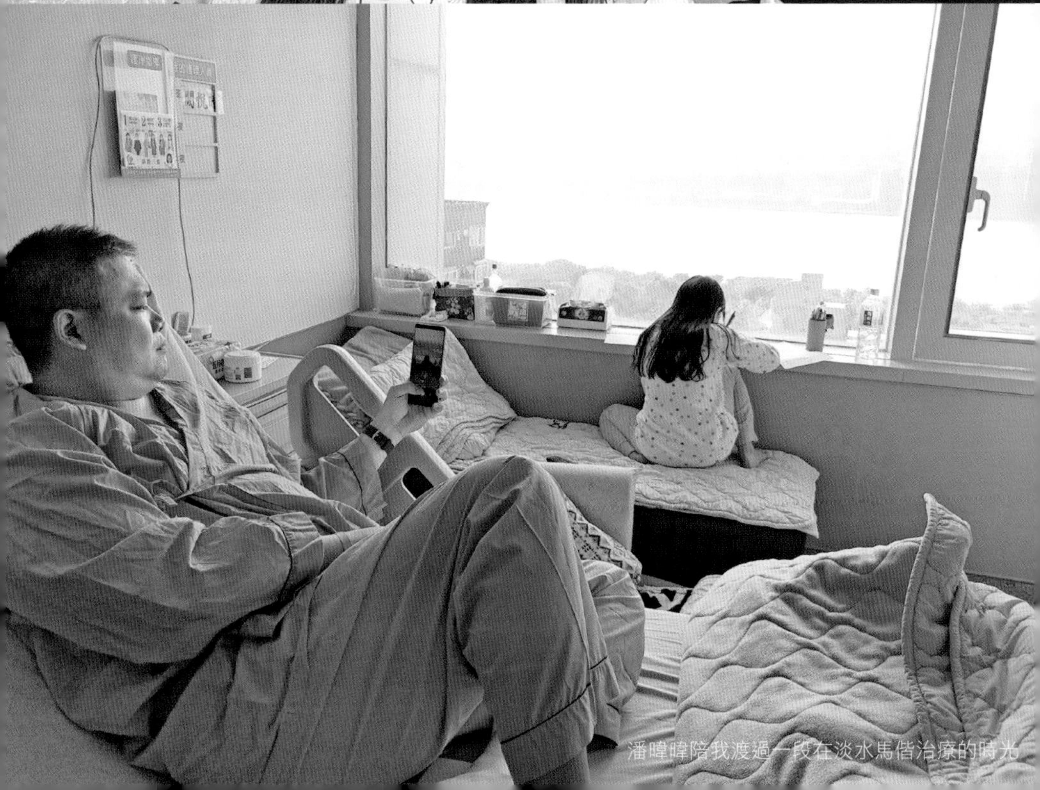
潘暐暐陪我渡過一段在淡水馬偕治療的時光

高燒時刻還是要告訴自己 I'm okay!

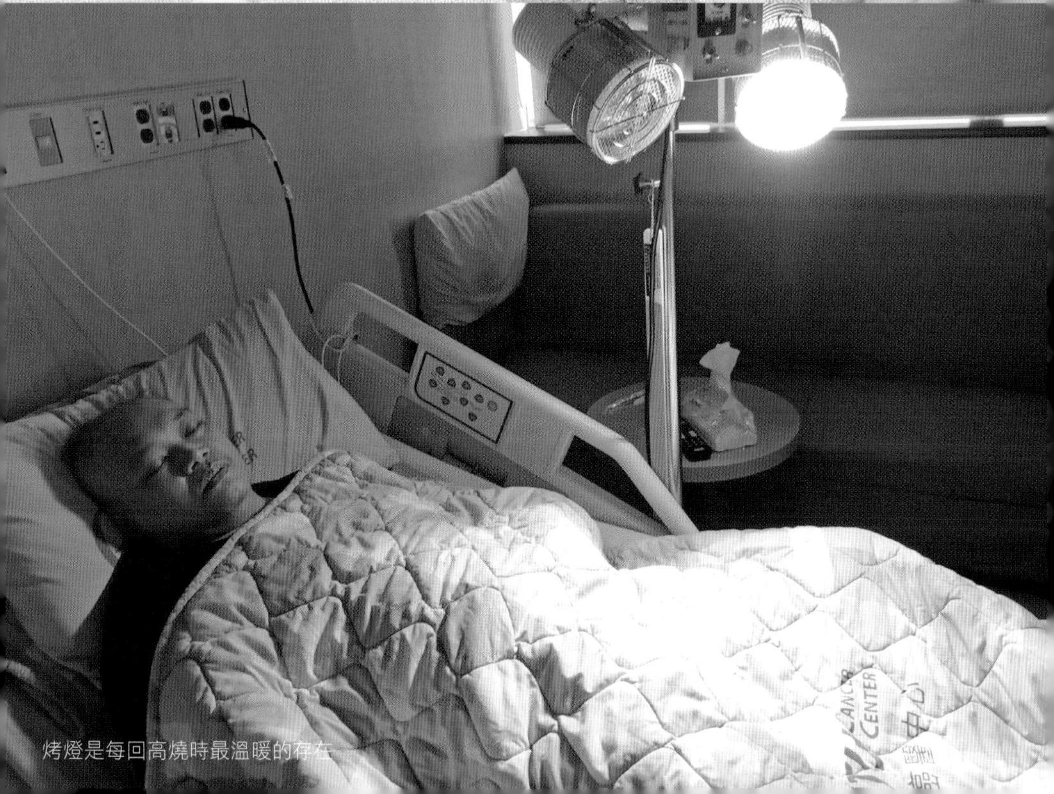
烤燈是每回高燒時最溫暖的存在

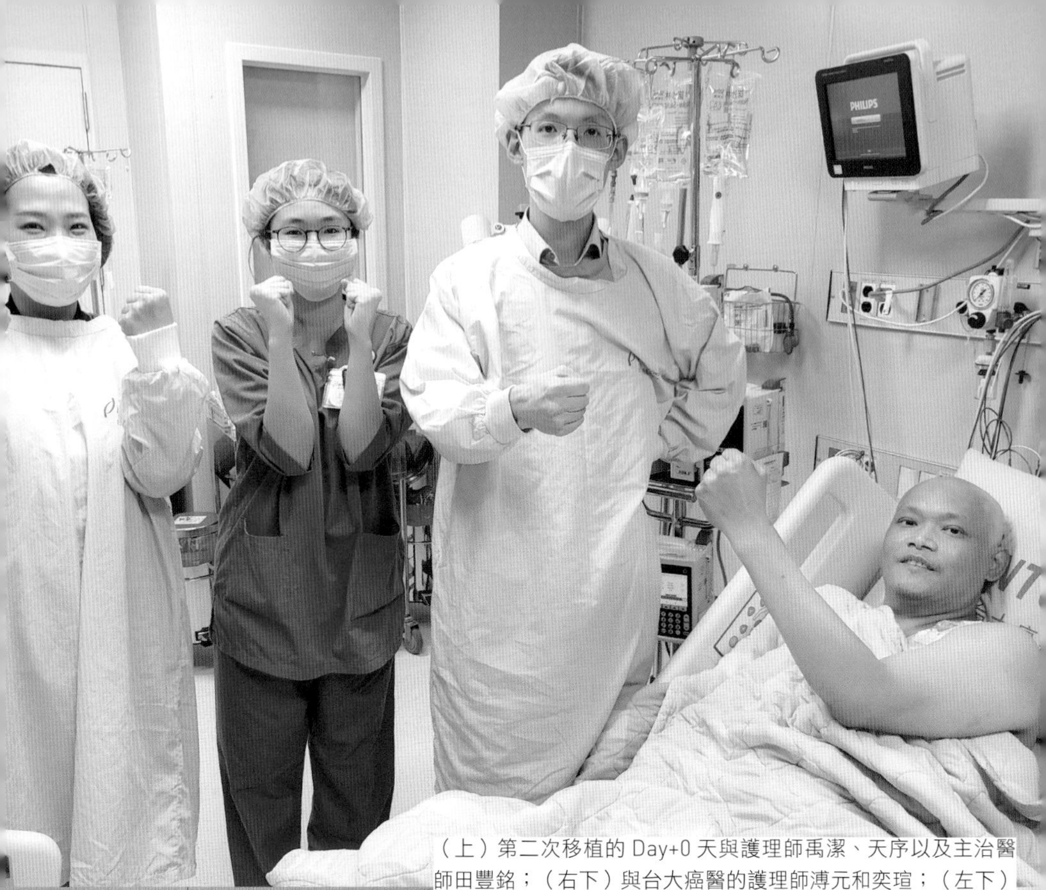

（上）第二次移植的 Day+0 天與護理師禹潔、天序以及主治醫師田豐銘；（右下）與台大癌醫的護理師溥元和奕瑄；（左下）移植一年後與主治醫師田豐銘在台大癌醫合影。

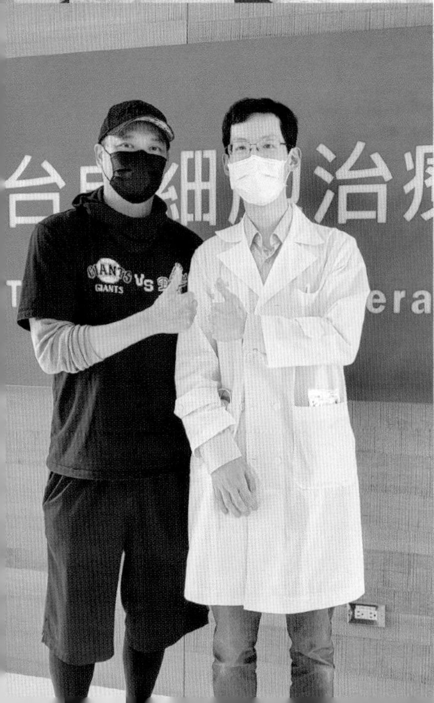

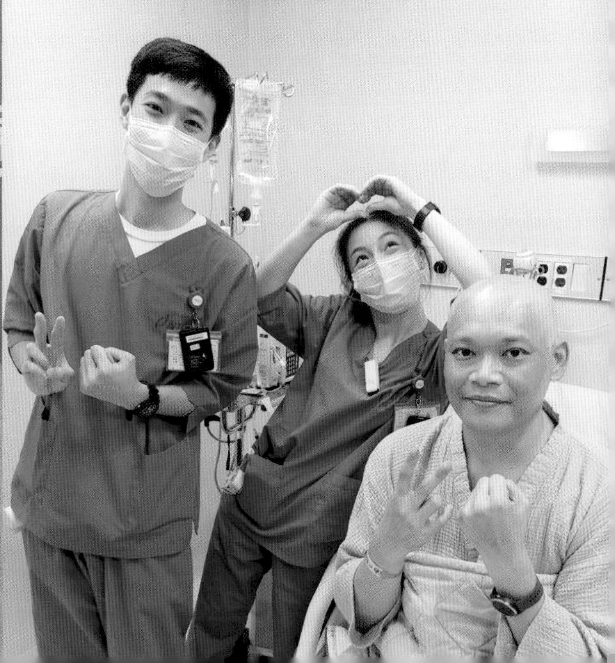

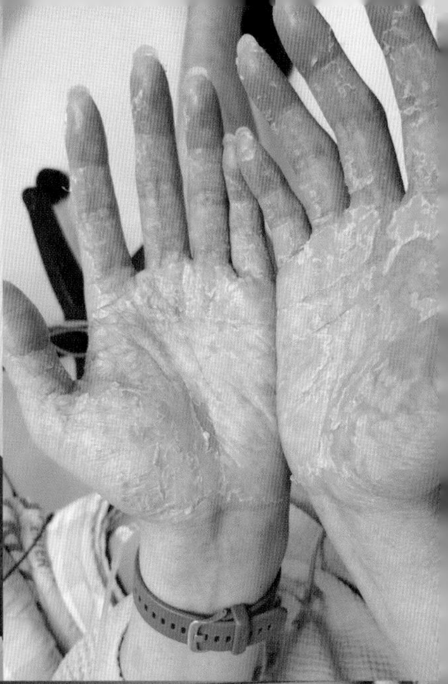

（左上）有球賽的日子成了移植病房裡最大的娛樂；（右上）移植後的急性排斥表現，全身皮膚都跟手掌一樣；（下）移植後，重回發病前與工作夥伴留影的地方。

應邀擔任二〇二一年中華職棒總冠軍賽前開球嘉賓

回轉播台前接受 MOMOTV 專訪

轉播二〇二二年富邦悍將主場比賽

重回新莊球場的第一場轉播，看到滿滿的球迷心情也很澎湃！

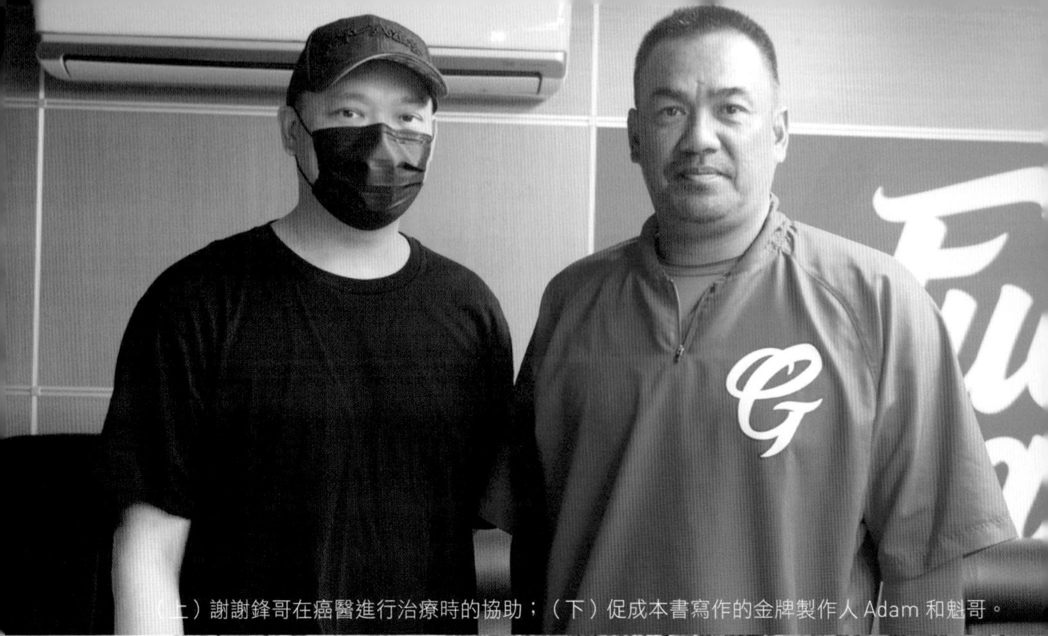

（上）謝謝鋒哥在癌醫進行治療時的協助；（下）促成本書寫作的金牌製作人 Adam 和魁哥。

想到那段期間女兒一個人睡，心情就會變得低落，心中總是放不下女兒，想著想著就會失眠。我想到以前離家打球的時候，星期日從家裡回到學校，那種離別的感覺，雖然常常發生，卻怎麼樣也無法習慣。

好在主治醫師同意我可以回家休養，雖然不是完全回到「正常生活」的狀態，但至少可以每天見到女兒，對我來說已經非常滿足。

而我現在的這場「不能輸的比賽」還沒打完。雖然出院，但我還不敢說真正「抗癌成功」。事實上，接下來的五年都是觀察期，出院後的頭三個月每週都要回診，接下來依據狀況改為兩個星期一次、到每個月一次。回到台大癌醫，早上安排抽血，下午和主治醫師會診，「田神」持續地追蹤我的病況。哥哥的幹細胞還是會不斷地與我的身體磨合，身體會因此產生各種慢性排斥反應，我得學會跟這些排斥反應好好相處。

在出院以後，除了每天記錄體重、體溫和糞便量之外，我每天都要服用十幾顆藥物，包含抗黴菌藥、類固醇、止痛藥、抗生素，有時候無法入眠，還需要安眠藥的幫助。睡眠是恢復的關鍵，不能太疲勞，我必須要有一定的體力和抵抗力，避免輕易地再次受到病菌感染。另外，也需要吃軟便劑，前面有提到過，如果糞便太硬（可能太久沒上廁所），會刮傷缺乏粘膜保護的肛門，造成感染，所以控制糞便的狀況也是關鍵。生活中有非常多的事情要注意，更何況發病、住院到出院這段期間，剛好是新冠病毒肆虐的時候，出門就有一定的感染風險，必須隨時做好消毒。像我這樣的血液病患，只要感染新冠病毒，死亡率就高達四成，得要非常小心謹慎，到哪裡都得消毒，注意衛生。

尤其更要注意腸胃系統，因為我長期服用止痛藥的關係，腸胃粘膜變得非常脆弱，幾乎無法接受任何刺激。如果吃得太刺激，調味料超過一定的份量，腸胃馬上就會有反應。而且還得注意進食的時間和份量，因為也不能餓太久，胃裡的胃酸一旦沒有東西消化，留在胃裡也會產生刺激，形成胃痛，或是更嚴重的胃絞痛。有一兩次我開車北上回診，在高速公路上出現胃痛，我邊開邊吐，用塑膠袋接著，想起來都還餘悸猶存，只能說我真的很能忍，連這麼痛都還能開車。

記得第一次安排這本書的訪問時，因為情緒起伏太大，身體無法負荷，就出現胃絞痛的情況。訪問結束後竟然痛得在地上打滾，必須立刻喝下嗎啡才能止痛，不然很有可能會痛到昏過去，甚至送急診。其實像這樣的情況還不算少見，所以我開始有點依賴止痛藥物，有些強效止痛藥物都是鴉片類的藥物，容易成癮，我常常開玩笑地跟朋友說，在這段期間我在打一場「鴉片戰爭」。止痛藥物既不能說停就停，也不能持續依賴，長久下來會傷害身體。而當我開始減藥時，我從每天吃，到兩天吃一次，再到四天吃一次。剛剛開始減藥，身體很快就有戒斷的反應，流鼻涕、打哈欠、雙手會不自覺的顫抖、說話沒有邏輯，原來電視上演的都是真的！這些都是因為已經出現成癮的情況，為了回歸正常生活，我只能忍受這些症狀，慢慢地習慣，不然太過依賴鴉片類止痛藥的話，我可能永遠都戒不了「毒癮」。

有些急性白血病的病友，在移植出院後沒有太多的排斥反應，可能就皮膚出現一點狀況，或是頭髮變捲之類的，有排斥，但不強烈，這樣是最好的，表示新的幹細胞有作用，但不會影響生活。而我除了腸胃較敏感之外，也常常會肌肉緊繃，腿部出現放電的神經痛，幾乎是二十四小時都有不適感。我必須靠以前球隊的防護員「Pachin」彭聖兆幫忙，每週來家裡做物理治療，透過按摩舒緩肌肉。我的筋膜常常緊繃到出現疼痛，晚上就睡不著睡不好，必須透過強效的肌肉鬆弛藥物的幫助才能入睡。主治醫師說這算是非典型的慢性排斥，並不常見。想想一路過來，我總是會遇到這種「非典型」，也就沒什麼好意外了。

除了藥物的幫助之外，我也必須拉自己一把。在剛出院的那兩三個月，我走路還是會喘，心肺功能大不如前，沒有辦法延續之前日行萬步的習慣。我依然每天多少做一些訓練，按照 Pachin 給我的課表做七分鐘徒手訓練，在沒有負重的情況下，加強身體的肌力，同時增強體能，也提升從疲勞中恢復的能力。經過半年的訓練，我開始嘗試日行萬步，經過連續幾天的試驗，體力慢慢地可以負荷萬步的強度，於是在二〇二一年七月十日，我重啟了日行萬步的計畫，把它稱作「萬步 2.0」，希望透過建立目標，讓我每一天都可以完成小小的成就，找回生活的節奏感。

因為在家休養這段期間無法出外工作，我有很多時間可以練習廚藝，我很喜歡烹飪，做一些自己想吃但卻不能吃的食物，像是滷豬腳、滷牛肉，還有雞湯、酸辣湯啊，這些我在病床上常常想起的食物。住院時還因為作夢夢到自己在吃東西，吃了幾口突然想起醫生的囑咐而驚醒。是不是很悲慘？發病前我大概一百二十公斤，出院的時候我「縮水」將近四十公斤，只剩下八十公斤出頭。

還好現在我可以做給家人吃，還可以練習之前不會做的，像是紅燒排骨，我就打電話問媽媽，她做自助餐四十多年，家常料理都難不倒她，趁這個時候傳承一下「媽媽的味道」，偷學幾招。而且烹飪的時候就會進入到心流，暫時忽略掉身體上的不舒服，讓時間過快一點，也是一舉兩得。

這段「抗戰期間」也有不少病友和病友家屬從網路找到我，詢問抗癌這段時間的經歷，希望我能夠分享一些資訊。過程中我了解到每位病友與家屬的擔憂和焦慮，以過來人的方式向他們分析，就像球評在解說比賽一樣。我常常在想，未來有沒有機會可以在工作的空檔擔任移植室的看護？應該可以幫助不少病友舒緩在移植前的緊張焦慮，畢竟我也是少數經歷過兩次移植的超級賽亞人啊！

雖然超級賽亞人無法出外戰鬥，不過在三月的時候我還是接下東京奧運棒球資格賽「六搶一」的情蒐工作，可以在家裡看影片蒐集資料，自由地調配時間，對我來說還可以負擔。加上之前有球員背景，也做過六年球評，對於情蒐工作並不陌生，可以慢慢調整自己的工作強度，當做回到球評工作的一個試驗。

可是我怎麼蒐集資料都覺得不夠，反覆看了好幾次影片還是寫不出有洞見的東西，報告一再修改、增減，總覺得不到我所設定的標準。某一刻，我恍然大悟，原來是我的個性總是習慣把自己逼得太緊，逼到極限，總是認為還有努力的空間、還有時間就該繼續拼，不管是在球員時期常常球季初就衝太快，或是房仲時期沒日沒夜地工作，轉做球評之後又一天接兩三場比賽轉播，最後把身體搞壞、累出病來，一切都是因為我的個性。

如果我沒有察覺，可能又會操之過急，再一次折磨我的身體。

哎呀！我怎麼到現在才了解自己？

——16——

我回來了

在住院的那段期間，雖然美國職棒因為疫情停賽三個月，還好中華職棒比賽照舊，到了晚上我可以躺在病床上看比賽，如果太累或是在發抖，也可以電視開著，用聽的。就像是球員時期常會做的意象訓練一樣，想像自己搭配主播錢sir（錢定遠）、魁哥（田鴻魁）或是常sir（常富寧）時，接下來要講些什麼，就算沒有真的坐在轉播室裡，我好像也參與了球評工作。常sir、魁哥和曾公在FOX體育台播球時，還在錄音間掛了一件T恤，上面寫著四個英文字母「LABA」，為我集氣，真的很感動。

我之所以在點滴架上放了一顆棒球，隨時抬頭就能看到，為的就是勉勵自己，有一天可以健康地回歸到轉播室，和我的搭檔主播一起為球迷朋友帶來精彩的解說。這是我熱愛的工作，期許自己「做什麼就像什麼」，我深愛著棒球，希望把這份愛，帶給電視機前面的觀眾。

在病床上清醒的時候，我無時無刻都想著棒球。（或許做夢時也是？）

發病前，我才剛轉播完徐生明少棒的比賽，經過兩年的抗癌，我一直希望能夠在二〇二一年的十一月下旬，有機會再回到同樣的比賽擔任球評，我心裡偷偷地期望著那一天到來，從來沒有跟秀萍說，在答應主辦單位時也沒有在第一時間跟秀萍報備。我知道自己的身體應該可以負荷得了，從每天的日行萬步和徒手訓練，慢慢地可以穩定地應付更高強度的工作。加上特別的情感因素，我希望可以藉由徐生明少棒賽做為重回工作的第一步。

還好過程都很順利，我提早南下，先到高雄美濃，隔天再準備播報，讓自己可以有更多時間可以進入狀況。搭擋的主播是熟悉的徐展元，場上的節奏、喊聲和高雄暖洋洋的風，就像兩年前一樣，好像從來沒有中斷過。連美濃的太陽也是一樣炙熱，曬了一天，我感覺到體能上還需要再加油。

在播報前一天，我接到中華職棒秘書長楊清瓏老師的電話，邀請我在澄清湖棒球場舉行的台灣大賽第三戰擔任開球嘉賓。原本我完全沒有預期到會有這樣的邀請，心理上沒有準備，是很突然的邀約。楊老師希望我能夠出席，帶給球迷朋友一個好消息，讓大家看到我健康地重回球場。

我打電話問主治醫師，「田神」說我可以自己判斷當下的體能和心理狀態，如果可以負荷就沒問題。他只有一個要求，就是口罩不要脫下來，避免跟人接觸而有病毒或細菌感染。

我接受了楊老師的邀約。隔天播完徐生明少棒邀請賽之後，我馬上驅車載著「Vamos Sports 翊起運動」團隊一起前往澄清湖棒球場，適逢下班時間，路上還塞車，我很擔心沒有辦法及時趕到。當開車進到澄清湖棒球場停車場斜坡，車身瞬間晃動的幅度，好多熟悉的感覺立刻湧上來，一草一木彷彿都停留在當年球員時期，腦中浮現每次賽前抵達球場之後的行程，像是開會、做操、打擊練習和伸展等等，一切的一切再熟悉不過了，時光彷彿停留在十多年前。唯一的不同就是球員下午就到了，而現在已經傍晚。當球員和球評時，都很早到，也沒有機會遇到球迷進場，進到球場之後，專注力也都放在場上。

此時此刻，澄清湖棒球場的樣貌對我來說既陌生又熟悉。

來到球場的這一段路，感覺走了很久才走到。

走進球場那一刻，我的思緒像突然被倒帶一樣，前一秒彷彿還在病床上，聽著球賽轉播的背景音，身體因為發燒而不停抖動，下一秒就被帶到球場通道，準備走上階梯。「這是真實的嗎？不太可能吧！」我問自己，這兩年來，我從沒有想過這個畫面，一次也沒有。

雖然我的身份是開球來賓，不是上場比賽球員，但我的感覺比當年參加總冠軍賽時還更緊張。這種緊張的感覺很棒，帶著刺激和期待。在當球員時，我很享受這樣的感覺。這次來開球，只有短短一天的時間可以準備心情，思考該如何回應媒體的訪問，怕自己的情緒波動太大，難免會有些緊張不安。

一踏上球場，所有的緊張感都消失了。就和球員時期一樣，我完全融入在現場的氛圍裡，享受當下的每一分每一秒。

我站上投手丘前，看到負責接捕的捕手是我的老鄉「Take」潘武雄，忍不住笑了出來，Take也笑了，謝謝統一獅球團的巧思。我靈光一閃，右手比出「二」的手勢，放在左邊袖口，要他打第二組暗號給我。這只是我們之間的玩笑，他當然沒有準備暗號。

「三、二、一，請開球。」司儀說完，我把右腳往前一小步，左腳跨出的同時，右肩往後擺，順勢地把球往本壘板丟去。

棒球沿著拋物線劃出一道彩虹，落在潘武雄的手套裡。這是我發病後，第一次拿起手套投球。

那天兩隊的球員看到我，多少帶著訝異的表情，因為之前聽到我的消息，都還停留在家養病，沒想到現在已經有體力可以出現在球場開球。但事實上，開球隔天我就知道我累壞了，在沒有足夠的心理準備下，一天的情緒起伏太大。開球的過程，加上後來的記者會，有點招架不住，我知道要應付未來的球評工作，還有一段路要走。

MOMOTV 電視台在之前有聯絡我，邀請我在二〇二二年球季回歸轉播團隊，如果我的身體狀況許可，主治醫師也同意的情況下，我會重回轉播台，但頻率和場次就看實際的狀況而定。在開季之前，我透過接受媒體訪問，一步一步地建立自己面對鏡頭的強度，不只是生理上的體力負荷，心理上的情緒起伏、事前準備的焦慮與緊張，也都需要慢慢找回感覺。

就像職業球員在休賽季之後，需要春訓逐步建立強度，慢慢步上軌道一樣。MOMOTV 電視台安排我在二〇二二年三月八日，到嘉義播報自辦春訓熱身賽三連戰，這是一個很好的機會，測試我準備的情況。可是在轉播前兩天，我出現了嚴重胃絞痛的情況，痛到必須喝嗎啡才能舒緩。還好只是虛驚一場，當時沒有注意進食的時間，又吃了一點刺激性的食物，我的胃立刻抗議，還好並沒有因為病菌感染引起發燒，不然可能馬上就要送急診。

到外地播報也是一個挑戰。在發病之後，我除了醫院的病房之外，沒有住過家以外的地方（新竹的家和屏東老家）。而且出差播報，秀萍沒有隨行，我要自己更小心。為了出門工作，我帶了紫外線消毒燈和電鍋，在旅館房間消毒和加熱食物。外面買的食物都要額外加熱，所以我大多選擇便利商店解決外食需求，請店員微波更長的時間，確保殺菌。總之很多細節都要比一般人更注意，不能讓一些小疏忽影響我準備已久的工作。

和主播搭擋錢 sir 一起到了嘉義市球場，先去富邦悍將隊的休息室找老朋友聊聊，看到鋒哥（陳金鋒）和典哥（施金典）在教練室泡茶，這是我發病以後第一次見到鋒哥，之前他協助聯絡永齡基金會，幫助我在癌醫進行治療，一直都還沒有機會當面感謝他的幫忙。在休息室也跟幾個球員聊聊天，關心彼此的近況，有些球員看到我變瘦，第一時間有點認不出來。

在來到球場之前，我的腦中上演許多小劇場，就像大賽前腦中的各種想像和不安。可是一到了球場，馬上回到舒適圈，看到熟悉的人事物，很快就進入到自在的狀態。走進球場二樓的轉播室，錢 sir 坐在左邊，我換上深藍色的 Polo 衫，拿起平板電腦，抄寫今天的先發打序，然後打開我準備的資料。哎唷，這時候肚子突然有點痛。

「享受久違的緊繃感，感覺很好，但非常緊張，我也需要春訓啊！」錢 sir 介紹完之後，我在鏡頭前說出準備好的台詞。

順利地播完春訓的三場比賽，我想我已經能夠應付接下來例行賽的強度，而且華視也邀請我去講評美國職棒，如果晚上沒有播富邦悍將的比賽的話，早上我可以安排播美國職棒，同時兼顧兩邊的播報，我想一天一場應該可以負荷，如果真的不行，我會舉手喊卡。

在嘉義的春訓三連戰的四週後，富邦悍將開幕戰在新莊棒球場舉行。我一早就從新竹開車北上，腦中不停想起這兩年來的點點滴滴，前一天晚上還差點興奮到失眠。回到轉播台前的情景，已經在我腦海中預演好幾百次了。

來到新莊棒球場後，我和中信兄弟擔任內野教練的老隊友「小頭」石志偉聊天，聊聊近況。發病之後我們只有通訊軟體上聯絡，這還是一年多來第一次碰面。「小頭」站在一壘接內野守備練習的回傳球，我在一旁跟他聊天，就像以前一樣，什麼都沒變，他依然穿著球衣，只是角色換了，擔任球隊教練，而我穿上襯衫，在轉播室看著老朋友工作。

賽前富邦球團還精心安排了蛋糕和球衣，歡迎我回到轉播台。我在鏡頭前穿上繡有44號的悍將隊球衣，背後有著英文姓氏「PAN」，和兩個大大的4。

在治療期間我曾經想過，會不會沒辦法熬過四十四歲這一年？當初我選44當作背號，只是覺得兩個4在球衣背後很好看，很有份量，沒有考慮中文諧音的忌諱，就一路用到球員生涯結束。可能就差一點，我的生命就真的結束在四十四歲。

開幕戰這天正好是二〇二二年四月四日，兩個四。「喇叭」重生日第五百二十三天。

三、二、一！攝影機的紅燈亮起。

「新的球季，新的氣象，新的希望。大家好，歡迎來到新莊棒球場。這是MOMOTV製作播出的中職三十三年富邦悍將在新莊主場的賽事。今天是四月四日，在連續假期的期間，富邦悍將正式地揭開主場的序幕。第一場開幕戰要對上的是中信兄弟。」旁邊的主播錢sir說，「這是一個新的球季，對所有的球迷來說，引頸期盼的就是新球季的到來，而對我而言，我的旁邊是我期待已久的球評潘忠韋，終於回到了我們的轉播台上。忠韋你好。」

「主播好！大家好！我是喇叭，好久不見！」

後記——

潘忠韋，你最帥！

潘忠韋太太／劉秀萍

如果沒有記錯，我是從第六章開始加入的。

當我在MSN上找了一下午都找不到你，那突如其來的失落與委屈把自己嚇了一跳，從那一刻開始，你對我而言，就不再只是普通朋友。

我們常常很有默契的哼起同一首歌、想到同一件事、討厭同一個人，深夜的電話熱線常常聊到眼皮失守，累到半睡半醒還不肯掛電話。沒有經過什麼特別的儀式，就從朋友成了情人，只是永遠不會忘記那個牽起我的手就像擁有全世界的你，那一年，我二十六歲，我知道再也找不到比你還愛我的人了。

一起經歷了好多事，看著你被球隊釋出，陪著你到美國遊學，支持你投身房仲，鼓勵你走上轉播台，用球評的身份重回棒球場。以為人生的風浪波折已經過去，沒想到二〇一九年底突然一腳踩空掉到「急性白血病」的大洞裡！這兩年，我們一起在黑暗中照亮彼此，合力對抗難纏的疾病魔王，互相扶持往上爬。其實不管哪個時期，從來沒有認真想過會失去你，即便好幾次你真的差一點離開我。

從小我就是個愛哭鬼，陪病的日子更是動不動就哭得亂七八糟。在你住進淡水馬偕隔離病房的第二天，你催促著要我吃點東西，在樓下美食街點了一碗熱粥，我盯著那碗粥看了好久，嘴裡唸著「好想要我們三個一起吃飯哦」，眼淚一直掉。確定必須經過異體移植，而且哥哥的骨髓只有半相合的那天，在捷運上看著淡水河快速從我眼前奔流，我覺得那時的難關和淚水落下的速度好像也差不多。跟潘暐說接下來要好幾天不見，看著她哭得淅瀝嘩啦，我在高鐵上也不遑多讓，握著拳頭默唸著「一定要幫潘瑋瑋把爸比健健康康帶回家」。當你幾度被高燒襲擊意識不清，抖到病床都發出規律的聲響，我只能以眼淚相伴，哭著向上帝祈求讓這一切快點過去。第一次移植失敗，你邊流淚邊說，一定會積極面對，但是如果你不在了，也請我不要太難過，因為不管結果如何，你都心懷感恩、不枉此生，對我和潘瑋的愛永遠不會消失，我坐在床邊握著你的手哭得好大聲，要你無論如何都要記得我很愛你、我要我們三個一起開開心心過日子，心裡也同步哭喊著「少囉嗦了，趕快給我好起來！」。啊，就連寫下這些的當下，也在哭。

我沒有那麼堅強，是一直看著你，才有勇氣。

這陣子，收到最多的問候就是「辛苦了」，我總是搖搖頭說著不辛苦啊，這不是客套也不是謙虛，只要看完這本書，應該都會明白。你從很小的時候就被迫放棄快樂童年，在團體生活中不得不提早學會保護自己。球員生涯與傷勢共存的時間也不好過，漫長的復健還有隨時隱隱作痛的膝蓋，讓你有志難伸。在假球傳聞風聲鶴唳的年代，面對不公平、不透明的狀況，要敞開心胸專心打球不是件容易的事。被球團釋出後，你的每個決定、每一步都走得小心翼翼，用盡百分之百的力氣在不熟悉的領域，你都說「如果不盡全力也不知道該怎麼做了」。就連在床榻中，你也是一樣不問結果的往前衝，我其實不太知道你到底是怎麼克服那些極大的痛苦，但我知道你的努力從來不是只為了自己，從牽起我的手，抱起潘暐的那一天，你一心一意就是要讓我們過好生活。

我不只一次問自己，是不是這樣的壓力讓你病倒了？糾結、自責的情緒在你確診的那幾個月達到高峰。但是你從來沒有丟出這樣的訊息，就連潘爸潘媽在電話裡都要你跟我說「辛苦了」。這些溫柔的聲音取代了沒有意義的胡思亂想，我只要你好起來，其他都不重要。

陪著你走過艱辛的治療，渡過驚心動魄的急性排斥期，然後看到你好努力地重新回到熱愛的工作，也讓我熱淚盈眶，想獻上掌聲跟你說「潘忠韋，你最帥！」。

這段陪病過程，有很多血淚交織的故事，每一件事都提醒我要時時謙卑、事事感恩。當初第一時間接到消息的姊姊還有朋友們，都排除萬難趕到身邊，每一個擁抱與幫助都讓我想哭。姊姊擔心我們經濟出狀況，好幾次在說再見時把一疊現金塞進我的包包裡，潘爸潘媽每回從屏東北上也是如此。在我分身乏術時，姊姊從美國、從加拿大飛來，告訴我只要把你照顧好，潘暐交給她們，其他的事不用煩惱。姊姊們每一天都把我們一家三口擺進禱告裡，我的阿嬤留下很美的信仰，雖然我好多年都沒有好好走進教堂，但是神的話依舊在愁苦的時刻給了力量。

應當一無掛慮，只要凡事藉著禱告、祈求，和感謝，將你們所要的告訴神。神所賜、出人意外的平安必在基督耶穌裏保守你們的心懷意念。

《聖經》腓立比書第四章六至七節

你總是一肩扛起所有重擔，不想麻煩人、捨不得我吃苦。我想說的是，你也可以把擔憂交託給上帝、分一點給我。就像出院後到現在，你因為左胸口上方還埋著人工血管，無法提重物，「我來！」就從你的口頭禪變成我的，雖然我的力氣沒有你大，但能為你做點什麼，我非常樂在其中。

小時候覺得愛很抽象，認識你之後，看著你把愛一部份一部份放進了我們的生活中，一頓熱騰騰的晚餐是愛，排除萬難的相聚是愛，一點一滴建立一個家是愛，嘻嘻哈哈是愛，就連吵吵鬧鬧也是愛，我就是倚靠這些，一路走到現在。你總是習慣讓我心想事成，那我要說，願你平安健康、願你不再被恐懼打擾，願你永遠都能自由自在做著喜歡的事。無論何時，只要一轉頭、一伸出手，我都在。

People 482

不能輸的比賽：重新站上生命打擊區的潘忠韋

口述：潘忠韋｜撰寫：王啟恩｜主編：湯宗勳｜編輯：果明珠｜美術設計：陳恩安｜企劃：鄭家謙｜照片提供：潘忠韋、王啟恩｜封面照片：游智勝

董事長：趙政岷｜出版者：時報文化出版企業股份有限公司／108019台北市和平西路三段240號1-7樓｜發行專線：02-2306-6842｜讀者服務專線：0800-231-705；02-2304-7103｜讀者服務傳真：02-2304-6858｜郵撥：1934-4724 時報文化出版公司／信箱：10899臺北華江橋郵局第99信箱｜時報悅讀網：www.readingtimes.com.tw｜電子郵箱：new@readingtimes.com.tw｜法律顧問：理律法律事務所／陳長文律師、李念祖律師｜印刷：勁達印刷有限公司｜一版一刷：2022年6月17日｜定價：新台幣360元

時報文化出版公司成立於一九七五年，並於一九九九年股票上櫃公開發行，於二〇〇八年脫離中時集團非屬旺中，以「尊重智慧與創意的文化事業」為信念。

不能輸的比賽：重新站上生命打擊區的潘忠韋／潘忠韋 口述、王啟恩 撰寫－一版.--｜臺北市：時報文化，2022.6；248面；14.8×21×1.5公分.--｜（People；482｜ISBN 978-626-335-480-7（平裝）｜1. 潘忠韋 2. 運動員 3. 棒球 4. 臺灣傳記｜783.3886｜111007425

ISBN：978-626-335-480-7｜Printed in Taiwan